Gabriela Ciucurovschi

7 POUR UNE VIE

Les choses les plus importantes que vous pouvez faire pour votre enfant

BENEFICA INTERNATIONAL, 2014

Copyright © 2014, Gabriela Ciucurovschi. Tous droits réservés.
Copyright © 2014, Benefica International. Tous droits réservés.

Aucune partie de cette publication ne peut être reproduite, stockée ou transmise par quelque procédé que ce soit, y compris électronique, mécanique, photocopie, enregistrement, digitalisation, sans l'autorisation écrite de l'éditeur. La violation de ces droits d'auteur constitue une contrefaçon et se poursuit d'office par le Code de la propriété intellectuelle.

7 POUR UNE VIE - Les choses les plus importantes que vous pouvez faire pour votre enfant / Gabriela Ciucurovschi
Trad. : Briana Belciug ; Réviseur. :Cristina Drahta

Descrierea CIP a Bibliotecii Naționale a României
CIUCUROVSCHI, GABRIELA
   7 POUR UNE VIE - Les choses les plus importantes que vous pouvez faire pour votre enfant / Gabriela Ciucurovschi ; trad.: Ana-Maria Briana Belciug ; red.: Cristina Drahta. - București : Benefica International, 2014
   ISBN 978-606-93350-8-6

I. Belciug, Ana-Maria-Briana (trad.)
II. Drahta, Cristina (red.)

159.922.7

*À mon fils Aleksei,
sans lequel je n'aurais pas eu
toute cette approche,
avec ma gratitude et mon amour*

Table des matières

Avant-propos _____ 7
1. Un modèle à suivre !_____ 13
2. Un être unique_____ 25
3. Les habitudes, notre seconde nature_____ 35
    Notre pain quotidien _____ 43
    Les pensées – un autre type de nourriture_____ 47
    Les choix_____ 56
4. La discipline _____ 61
5. Les éléments d'une vie heureuse _____ 75
    Le pardon _____ 75
    L'amour inconditionnel _____ 83
    La prière _____ 89
    Les valeurs _____ 93
6. Les péchés qui n'épargnent personne_____ 111
    La peur _____ 111
    La colère _____ 121

La culpabilité _____ 126
L'envie et la haine _____ 129
L'orgueil _____ 131
Le jugement critique _____ 132
Sur les « péchés » et leurs conséquences _____ 136

7. Être parent _____ 137
Suivez votre intuition _____ 137
Une expérience pour toute une vie _____ 138
Le sacrifice d'un parent _____ 141
Le conflit entre les générations _____ 142
Le lien entre les générations _____ 144
L'héritage pour l'avenir _____ 148

Remerciements _____ 150

Avant-propos

« L'enfance c'et comme un seau qu'on nous renverse sur la tête. (...) pendant toute une vie, ça nous dégouline dessus, quels que soient les vêtements ou même les costumes que l'on puisse mettre... »

-Un meurtre que tout le monde commet-
Heimito von Doderer

Chaque parent souhaite le bonheur de son enfant.

De ce désir et jusqu'à son accomplissement dans la vie de l'enfant, vous devez parcourir un long chemin où vos actions peuvent contribuer à cet accomplissement ou tout au contraire.

Au début de votre relation avec votre enfant il y a une intention positive. Il y a une valeur naturelle des intentions positives, mais lorsqu'il s'agit de votre enfant c'est le résultat qui compte. Quel est ce bonheur que vous souhaitez pour lui ? Vos actions contribuent-elles vraiment à son bonheur ? À quoi ressemble le bonheur aux yeux de l'enfant ?

Il y a de nombreuses choses que vous souhaitez pour votre enfant. Malheureusement, vous ne vous rendez pas compte à temps que sous l'avalanche de ces choses, il y en a une essentielle : sa félicité. Généralement, vous voulez qu'il soit en bonne santé, qu'il prenne de bonnes notes, qu'il soit obéissant, qu'il réussisse sa vie, qu'il ait un métier ou un autre etc.

Un homme heureux est un homme accompli. C'est un homme qui se réjouit de sa vie comme elle est, avec ses hauts et ses bas.

La clé de notre bonheur se trouve, pourtant, pendant la période de l'enfance. Notre capacité d'être heureux et content se trouve donc dans les choses que nous avons accumulées pendant cette période-là, particulièrement dans les premières années de vie.

Les choses assimilées à ce moment-là représentent le fondement de notre vie. L'empreinte laissée par les parents sur leurs enfants par l'intermédiaire de l'éducation, par les valeurs transmises, par la relation établie avec eux, est très importante pour les adultes qu'ils deviendront.

Chaque enfant veut être aimé et veut l'appréciation de ses parents. Peu importe son âge, qu'il ait 20 ans ou 50, la relation avec ses parents et ce que ces derniers lui ont inculqué l'accompagnent toute sa vie. Cela l'influence au niveau le plus profond de sa vie intérieure et agit de manière invisible sur toute son existence.

A propos de la perspective opposée, la relation parent-enfant, du rôle de l'enfant dans notre vie de parents, je ne vais dire que cela : il est le miroir de notre évolution. Il représente la joie inégalée offerte par l'éducation d'une âme avec votre amour et votre sagesse ; et pour qu'un enfant soit un fruit beau et mûr, les racines de ce fruit doivent elles-mêmes être belles et mûres.

Mes études en psychologie, mon expérience en tant que mère et ma préoccupation pour la nature humaine m'ont aidée à me rendre compte depuis plusieurs années de l'impact qu'a sur un enfant sa relation avec son parent, au niveau conscient, mais plutôt inconscient, plus précisément au niveau de ce qu'il lui transmet de façon subliminale, c'est-à-dire à travers son attitude, son comportement et, non pas dernièrement, à travers ses pensées.

Le livre vous aidera à reconnaître votre impact en tant que parent sur l'évolution de votre enfant, mais aussi sur le bonheur de celui-ci. Il vous aidera à écarter des couches de conditionnements et à observer les choses dans leur essence et leur simplicité. La plupart sont des choses que vous connaissez, que vous sentez déjà, mais que vous oubliez de suivre dans le fracas d'une vie où vous avez la tendance à perdre les priorités.

Il est possible que vous ne voyiez pas un grand bénéfice dans cette prise de conscience. Pourtant, une fois que vous en devenez conscient, les choses changent autour de vous. Vos réactions ne seront plus les mêmes, parce que maintenant vous comprenez leur effet et vous pourrez ne plus souhaiter un effet semblable.

Ne pensez pas à ce niveau que le futur de votre enfant dépend *seulement* de vous. Tout ce que vous lui offrez en tant que parent passe par le filtre de sa personnalité. Et ce filtre n'est plus votre responsabilité, c'est la matière première qui dépend de vous. Votre devoir est que cette matière première qui est façonnée par la personnalité de votre enfant, soit saine et belle.

Ne soyez pas effrayé en pensant que vous n'êtes pas parfait car personne n'est parfait. Mais il y a toujours un moyen d'améliorer les choses.

Être parent n'est pas le métier le plus facile et beaucoup de parents voudraient savoir beaucoup de choses au début de ce processus d'élever et d'éduquer un enfant. Le métier de parent s'apprend surtout en voyant faire les choses. Le parent grandit en même temps que son enfant. Parents et enfants, nous évoluons ensemble. C'est la direction qui compte.

Pour ne pas perdre la bonne direction il faut regarder les choses en leur ensemble et comprendre ces mécanismes et ces lois universellement valables qui agissent dans la vie de chaque personne sans pouvoir les influencer. En les connaissant vous pourrez être le bon parent que vous voulez être et vous pourrez ensuite soutenir l'enfant tout au long de son développement, pour qu'il devienne ce que lui, il désire être.

L'expérience de chaque vie est unique. Il y a quand même un dénominateur commun qui peut nous aider à comprendre les ressorts humains intérieurs, valables pour toute l'humanité.

Chaque homme a une histoire. Avec souffrances et joies, peurs et frustrations, désirs et besoins. Au centre de son histoire il y a sa relation avec sa mère et son père. Tout commence ici.

1. Un modèle à suivre !

Les enfants paient pour les péchés de leurs parents !
(dicton)

Même si vous dites à votre enfant beaucoup de choses pour lui offrir une bonne éducation, rien n'a la valeur de votre comportement.

Votre relation avec lui et aussi avec les autres, l'attitude que vous manifestez, votre façon d'agir dans la vie sont ses vrais repères.

C'est en vain que vous lui dites « Ce n'est pas bien de mentir », s'il vous entend ensuite dire à une collègue que vous êtes malade et vous ne pouvez pas venir au travail, mais en réalité vous vous préparez pour aller à la campagne pour récolter du raisin.

Vous êtes le modèle de votre enfant!

Pour vous, c'est le contexte qui annule votre mensonge, parce que vous considérez que le faire afin d'aider vos parents âgés est juste et vous faites appel à ces subterfuges pour rendre leur vie plus facile.

Certainement, comme adulte vous avez vos petits mensonges, parce qu'il y a beaucoup de situations dans la vie où vous ne pouvez pas lancer la vérité en face purement et simplement. Soit il faut la ciseler un peu, pour ne pas offenser ou blesser quelqu'un, soit vous ne pouvez pas tout dire pour diverses raisons. Pour le patron, le vignoble de vos parents n'a aucune importance et il ne vous permettrait pas de manquer pendant deux jours, quand il y a tant de choses à faire. Quoi faire maintenant? On ne peut pas tomber malade sur commande. Et puis, si vous tombiez malade pour de vrai, vous ne pourriez plus travailler le vignoble.

Tour à tour il vous entend dire un mensonge au travail, puis il vous entend dire à la grand-mère : «Oui maman, aujourd'hui je ne lui ai plus donné de frites» tandis qu'il vient juste d'en manger et ainsi de suite. À un moment donné, l'enfant a le sentiment qu'il est plus facile de mentir plutôt que de dire la vérité. Pourquoi donner tant d'explications pour ce qu'il veut faire, quand il peut très bien dire ce que les parents veulent entendre et, ensuite, il peut s'occuper de ses affaires?

Soyez conscient à chaque instant de l'impact de vos actions sur l'enfant !

J'ai rencontré des gens pour qui le mensonge était plus accessible que la vérité et cela sans fléchir et sans réfléchir. C'était simplement devenu leur deuxième nature.

J'ai toujours été fascinée par cette capacité, c'est-à-dire la facilité de faire ça, sans trop penser aux conséquences, ni à ce qui pourrait arriver si la vérité était révélée. Et même s'ils se rendent compte que personne ne les croit, ils ne peuvent toujours pas arrêter car pour eux c'est plus simple comme ça : fermer les yeux et croire eux-mêmes leurs histoires.

De toute façon, on ne parle pas maintenant seulement des mythomanes.

La facilité de dire la vérité ou un mensonge, plus ou moins ciselé, représente une des façades importantes de notre vie sociale, mais aussi de notre vie intérieure.

La capacité de dire la vérité relève de la capacité de vous montrer devant le monde tel que vous êtes et cela relève aussi de la mesure dans laquelle vous vous sentez accepté. Et l'acceptation est un sentiment dont les fondements sont mis pendant votre enfance et qui vous accompagne toujours dans vos relations avec les autres.

Généralement les gens mentent pour échapper à des situations difficiles, conflictuelles, ou pour améliorer leur image aux yeux des autres. Et pourquoi améliorer leur image? Parce que ce qu'ils pensent d'eux-mêmes ne s'élève pas au niveau où ils considèrent pouvoir être acceptés et appréciés par les autres.

Et voilà que nous avons touché un sujet important. Souvent l'enfant invente ou ment à propos de diverses choses afin d'être accepté par les adultes. Mais si vous, en tant que parent, lui montrez que vous l'aimez tel qu'il est, avec ses sensibilités, avec ses peurs, avec ses impuissances, il ne serait plus obligé de vouloir paraître différemment à vos yeux.

Il y a beaucoup de situations où les parents disent une chose à l'enfant et font une autre chose. Ils s'efforcent d'offrir à leur enfant une bonne éducation, mais ils pensent que dans leur cas ça peut aller comme ça.

Ne dites pas une chose pour ensuite faire autre chose!

La véritable éducation se fait moyennant des faits concrets. Les paroles ont une valeur seulement si elles sont accompagnées d'actes qui les renforcent. Autrement dit, ce que vous dites n'a aucune valeur pour l'enfant, si ce que vous faites ne confirme pas ce que vous lui transmettez verbalement.

De plus, l'enfant sera déboussolé et il aura tendance plutôt à rejeter vos principes, s'ils ne sont pas soutenus par votre comportement. Et, au lieu d'obtenir le résultat souhaité, vous obtiendrez la réaction opposée.

Le fait de dire une chose pour ensuite faire autre chose crée chez votre enfant un déconfort et un conflit intérieur. Au bout de ce conflit, il doit faire un choix. Il y a plus de chances que son choix se dirige vers l'aspect renforcé par votre comportement plutôt que vers ce que vous lui dites.

Si vous êtes une personne désordonnée, mais vous imposez à votre enfant de ranger ses jouets parce qu'«il doit apprendre à être ordonné, parce que, de toute façon, il n'a pas d'autre préoccupation», la première fois quand il pourra manifester son propre choix, il va se ficher de l'ordre, parce que, n'est-ce pas, les choses peuvent être faites comme ça aussi, avec moins d'effort.

Vous ne connaissez pas ce que votre enfant éprouve lors de ces dilemmes. Il peut penser: «Est-ce que ma mère ment?» Vous ne pouvez pas connaître la réponse.

Et s'il conclut que sa mère ment, vous ne savez pas à quel point il en sera déçu. En vous ne savez pas non plus les conséquences de cette nouvelle découverte. Il se peut que sa conclusion générale soit que ce que vous dites n'est pas crédible. Et voilà comment une si petite graine peut disloquer la confiance pour toute une vie.

Faites attention aux conflits que vous provoquez dans l'âme de votre enfant !

Ce que vous transmettez à votre enfant par l'intermédiaire de votre personnalité a un grand impact sur sa personnalité ultérieure et sur son caractère.

Si vous êtes une personne nerveuse vous allez vous manifester en tant que tel et vous allez créer les prémisses de la manifestation de cet état chez votre enfant aussi.

Si vous êtes une personne introvertie et taciturne, pensez que vous transmettez à votre enfant cette attitude aussi. C'est son modèle.

Si vous êtes une personne qui ne s'inquiète pas facilement et qui n'a pas peur lorsqu'il y a une difficulté, si vous faites confiance à vous-même et à votre capacité de trouver une solution, l'enfant va observer cette chose, il va l'intérioriser et il y a une grande probabilité que, plus tard, il manifeste la même attitude devant les difficultés.

Nous ne sommes pas de copies fidèles de nos parents, mais il y a une partie importante de ce que nous sommes qui est redevable à eux ou à notre interaction avec eux.

Si vous avez l'habitude de mentir, n'attendez pas la vérité de votre fils.

Si vous êtes une personne qui a beaucoup de vices, pensez à leur impact sur votre enfant. Vérifiez si vous pouvez accepter l'idée que votre enfant va avoir plus tard les mêmes habitudes que vous. Qu'est-ce que vous sentirez, en tant que parent, au moment où vous verrez qu'il fait des nuits blanches ? Vous serez inquiet qu'il ne se repose pas suffisamment? Qu'il ait transformé la nuit en jour et le jour en nuit? Ah, mais vous, ça vous semble normal de faire des nuits blanches, vous avez toujours une bonne raison pour ça. Vous trouvez toujours des justifications lorsqu'il s'agit de vos actions.

Sachez que vous n'êtes pas la seule personne qui fait ça. Tout le monde le fait.

Lorsqu'on crée un précédent, on ne peut plus contrôler les événements qui s'en suivront. Et, d'habitude ce qui suit dépasse en ampleur le précédent.

Si aujourd'hui on donne un doigt à quelqu'un, il est très probable que demain il vous demande la main. Si vous avez montré de la compréhension envers votre subordonné et vous ne l'avez pas rapporté comme absent du travail plusieurs fois, la situation se répétera très fréquemment. Mais, elle se répétera d'une façon qui dépassera largement la situation initiale. Il est très probable qu'il absente de plus en plus ou qu'il soit très souvent en retard, ayant la prétention d'être pardonné et toléré à chaque fois.

Si votre mode de vie a été caractérisé par les nuits banches et, de plus, vous avez habitué votre enfant à rester avec vous jusque tard, pourquoi ça vous étonne qu'une fois devenu adolescent, il se couche vers le lever du jour et se réveille à midi?

Comme je le disais, un précédent est une action qui engendre d'autres actions sur lesquelles on n'a plus de contrôle. Or, pour réarranger les choses, une action radicale s'impose.

Dans le cas de l'éducation de votre enfant, les choses sont bien plus délicates. Et cela pour une seule raison : votre relation avec l'enfant change en permanence. Ce n'est pas une relation similaire à celle avec le patron ou le subordonné, qui est presque la même et qui peut devenir plus amicale ou plus tendue. Le statut de l'enfant change continuellement. Aujourd'hui il est bébé, demain il est un écolier, pubère, adolescent et, soudain, il devient adulte. D'un moment à l'autre vous devez vous rapporter différemment à lui, parce qu'il y a des changements dans son statut.

Une fois créé, un précédent engendre des situations qui dépassent les limites de ce précédent.

Si plusieurs fois, sans y faire trop d'attention, vous avez montré à votre enfant votre pleine confiance en ce qui concerne la prise d'une décision, il sera capable de développer en permanence cette confiance dans le cas de situations plus importantes et il sera de plus en plus confiant dans les décisions qu'il prendra.

Si un parent manifeste un comportement qui manque de respect envers son enfant, dans le sens qu'il ne tient pas compte de ce qu'il désire, car ses intérêts d'adulte sont prioritaires dans presque toutes les situations, cette personne-là peut se plaindre plus tard que son propre enfant ne lui fasse plus attention. Et cela après l'avoir élevé en faisant tant de sacrifices!

Nous entendons souvent autour de nous l'expression: «Pourquoi avoir des enfants s'ils ne vous respectent plus quand ils sont grands ?»

Mais, après lui avoir imposé pendant toute son enfance à faire diverses choses sans l'aider à comprendre leur sens, seulement parce qu'il fallait le faire, après avoir imposé à chaque fois votre point de vue d'adulte sans écouter ce qu'il pensait là-dessus, vous êtes étonne que votre enfant manque de respect envers vous?!

Si vous voulez avoir un enfant respectueux, montrez-lui vous-même du respect dès qu'il est petit. Montrez-lui que ce qu'il désire, ce qu'il sent, son point de vue comptent pour vous. Montrez-lui cela dans toutes vos actions et vos décisions.

Montrez à votre enfant que ce qu'il désire, ce qu'il sent, son point de vue comptent pour vous.

Vous voulez avoir un enfant qui sache comment se débrouiller dans la vie? Montrez-lui que vous-même vous vous débrouillez dans les situations difficiles. Montrez-lui que vous êtes le maître de votre vie et que vous n'attendez pas que les autres résolvent vos problèmes.

Voulez-vous avoir un enfant joyeux? Montrez-lui que vous savez rire. Montrez-lui que vous savez comment vous réjouir de la vie. Riez avec lui.

Les modèles autour de lui représentent un aspect important pour la formation de l'enfant. L'enfant apprend en voyant les personnes autour de lui réagir dans diverses situations et en observant quels sont les comportements appréciés par les autres.

Il y a trois sources principales de modèles: la famille, l'école et le groupe d'amis. Pour une belle évolution de sa personnalité, l'enfant a besoin de modèles à suivre, de personnes qui l'inspirent et qui l'aident à se découvrir.

Les enfants ont besoin de modèles.

Si on considère notre passé, chacun d'entre nous peut dire dans quelle mesure il a été influencé par le professeur X, qui captait l'attention de tous les élèves par ses belles histoires et par son humour, ou bien par le professeur Y qui était très sévère et personne n'osait manquer ses classes.

Si le premier vous a aidé à apprécier les personnes qui racontent de belles histoires et à faire attention lorsque vous racontez vous-même quelque chose, le deuxième vous a inspiré la peur et il vous a fait comprendre qu'il y a des personnes qu'il vaut mieux de ne pas contredire.

Si vous déroulez la pellicule de votre enfance, vous vous souviendrez même de l'ami de votre père qui faisait toujours rire aux éclats tout le monde avec se blagues. Les gens se sentaient bien quand il était présent et c'est pour ça qu'il était souvent invité chez vous. Vous étiez tout yeux, tout oreilles quand cet ami parlait. Vous aimiez l'atmosphère détendue et la gaieté générale. Petit à petit, vous avez développé aussi votre sens de l'humour et ça vous fait plaisir quand vos amis s'amusent de vos blagues.

Je voudrais faire une petite parenthèse concernant ce que je viens de dire, qui est valable pour tout le livre : la recette du devenir d'une personnalité est complexe. La personnalité se crée par le mélange de plusieurs ingrédients : la structure intérieure d'une personne, sa sensibilité, les talents, le milieu, etc. À la fin, la combinaison est magique, les parents ayant un rôle essentiel dans le processus de formation de la personnalité de l'enfant.

La personnalité est le résultat complexe de la combinaison et de la transformation de plusieurs facteurs.

Les gens subissent beaucoup d'influences pendant leur vie. Ils ramassent, au cours de leur devenir, un peu de chaque personne avec laquelle ils entrent en contact.

Au cours du devenir de votre enfant, ce qu'il prend de vous constitue le fondement pour toutes les influences et les transformations subséquentes.

Le petit enfant est comme un miroir de ses parents. Il reflète leurs états d'esprit, le milieu et l'atmosphère de la maison.

Si vous voulez que votre réflexion soit brillante, faites attention à vous-même d'abord. À vous par rapport à lui, par rapport au monde.

Que vous le veuillez ou non, vous êtes un modèle pour votre enfant. Mais quel type de modèle? C'est vous qui décidez cela.

2. Un être unique

Connais-toi toi-même
(précepte gravé sur le fronton du temple de Delphes)

Même s'il ressemble à sa mère, à son père ou à ses grands-parents, votre enfant est unique. Il est une individualité distincte de toutes les autres.

Même s'il ressemble aux autres enfants de son âge et même s'il a beaucoup de choses en commun avec eux, il y a des différences et vous, en tant que parent, vous ressentez le mieux cette chose.

En fait, chaque individu est unique et même si, à l'extérieur, son comportement ressemble aux autres, à l'intérieur il y a des différences qualitatives et quantitatives. Les personnalités peuvent ressembler les unes aux autres, elles peuvent avoir beaucoup de points communs sans pourtant être identiques.

Chaque enfant est unique et il doit être traité en tant que tel.

Le fait d'être différent et unique est une chose magnifique. C'est le moteur des relations sociales. Si on était tous identiques, on s'ennuierait rapidement et la connaissance d'autres gens ne nous produirait aucune joie. Et connaître d'autres personnes n'apportera plus de joie.

Cette différence nous aide à trouver des solutions différentes pour le même problème, à interpréter différemment le même rôle social, à penser et agir d'une manière unique. Et c'est toujours grâce à cette unicité que les gens perçoivent différemment les choses.

La perception influence tous nos autres sentiments. Grâce à elle, les gens peuvent percevoir les choses d'une manière complètement différente à partir d'un même événement. Toujours grâce à elle, ils peuvent observer des choses qui en fait n'existent pas.

Chaque personne a sa propre vérité. Une chose peut être comprise de plusieurs manières, chacune d'entre elle étant fondée.

Qu'est-ce que signifie pour vous, en tant que parent, connaître l'unicité de votre enfant? Cela signifie la joie de connaître véritablement votre enfant. Cela signifie le connaître au-delà des conventions sociales. Pour l'enfant, cela veut dire la possibilité de s'exprimer, de partager ce qu'il est véritablement. Chacun porte en soi le besoin d'être compris et accepté. Cela signifie du confort, parce qu'il n'a pas besoin de se dissimuler, de passer pour une autre personne. Cela signifie la certitude qu'il est accepté et aimé tel qu'il est.

Il est important de comprendre ce caractère unique de chacun d'entre nous. Même si cela semble une chose simple et élémentaire, la plupart des gens agissent comme s'ils ne le comprenaient pas vraiment.

Les parents ont la tendance de comparer leurs enfants à d'autres enfants de leur âge, à leurs frères ou bien à eux-mêmes à cet âge-là. Il est frustrant pour un enfant d'être toujours comparé à un autre. Pour lui, cela signifie qu'il n'est pas compris et qu'il est inférieur à celui auquel il est comparé. Et d'ici jusqu'à la naissance du manque de confiance en soi, il n'y a qu'un pas.

Les comparaisons remplissent notre vie, mais elles ne font qu'engendrer l'amertume et la méfiance.

L'enfant regarde son collègue et aspire à avoir un ordinateur plus performant, des vêtements plus chers et la liberté illimitée de son collègue, ce qui n'est pas son cas. Les comparaisons nous poussent à regarder notre voisin et à apprécier ce qu'il a de plus. Nous oublions souvent d'apprécier ce que nous avons.

La vie sociale et l'éducation reçue surtout à l'école, sinon à la maison, nous ont appris que seulement ceux qui se lancent dans la compétition et qui gagnent sont des gens de valeur. Grande erreur !

Chacun représente une valeur en soi et ne doit démontrer cette valeur à personne.

Chacun représente une valeur en soi et ne doit démontrer cette valeur à personne.

Cet esprit de compétition a donné naissance à beaucoup de monstres : l'envie, l'égoïsme, le manque de tolérance. En fait, la seule concurrence devrait être avec nous-mêmes. Cette concurrence devrait être la seule à nous intéresser. Je ne crois pas que les génies et les gens qui ont porté de grands avantages à l'humanité aient été en concurrence avec les autres. Qui pouvaient être leurs concurrents si leurs habiletés et leurs connaissances étaient nettement supérieures aux autres ? Ils ont juste senti qu'ils pouvaient faire plus que cela.

La seule concurrence devrait être contre nous-mêmes.

Chacun de nous a un potentiel et je crois que cela est un objectif en soi.

Les gens ont tellement assimilé cet esprit de compétition, que fréquemment ils se retrouvent en compétition même en couple. Très souvent cette relation se transforme en une lutte pour le pouvoir. Si vous déroulez le film, vous verrez que vous avez été jetés dans la compétition dès votre enfance. Certes, vous savez déjà combien cette compétition ruine votre relation de couple. Comme les autres relations, la relation de couple doit être une communion et non pas une compétition.

Imprégnés de modèles, de règles sociales qui nous poussent vers l'uniformisation, nous courons le risque d'oublier qui nous sommes vraiment. Le chemin vers vous-même est pavé d'expériences et de choix, mais aussi d'une augmentation de la conscience de soi. Il est parfois difficile de choisir d'être vous-mêmes et non pas un modèle étudié auparavant. Il est souvent difficile de vous rendre compte qui vous êtes vraiment. Certaines personnes ont besoin de toute une vie pour l'apprendre.

Aidez votre enfant à se découvrir. Tout le monde n'est pas Einstein, mais chaque personne a quelque chose de précieux en elle-même, tout ce qu'elle doit faire c'est découvrir de quoi il s'agit.

Cette valeur ne se résume pas seulement à un talent, à une aptitude pour un domaine ou un autre, comme la musique, la peinture, les mathématiques etc. Cela peut être un trait de la personnalité – comme la bonté, l'honnêteté, la joie etc. – provenant de la nature humaine.

Quelle que soit la nature de cette valeur, si elle est découverte à temps, elle peut grandir et arriver à la maturité par l'intermédiaire de son expression et de sa manifestation.

Je connais une personne dans la présence de laquelle tous vos malheurs disparaissent, vous oubliez les problèmes et soudain vous vous sentez mieux parce qu'elle dégage joie et bonté autour d'elle. Le fait d'embellir la vie des gens autour d'elle et la rendre plus lumineuse est un grand don.

Vous pouvez être précieux pour le simple motif d'aider la personne près de vous, quand elle en a besoin ; vous pouvez être précieux pour le bon goût et la façon dont vous décorez votre maison, pour le talent de narrateur qui fait tout le monde se rassembler autour de vous pour vous écouter, pour la façon de prendre soin de votre jardin et pour les fleurs que vous cultivez avec amour, pour la famille harmonieuse que vous avez – c'est votre mérite aussi ! – pour votre sérénité, etc.

Imprégnés de modèles, de règles sociales qui nous poussent vers l'uniformisation, nous courons le risque d'oublier qui nous sommes vraiment.

En tant que parent, vous désirez savoir que votre enfant est en toute sécurité. Vous désirez le savoir situé dans la bonne direction. Qu'il travaille bien à l'école, qu'il ait un bon métier, qu'il ait fondé une famille. Il est cependant possible que toutes ces choses ne le rendent pas heureux. Il est possible qu'il mène une lutte entre ce qu'il souhaite vraiment être et ce qu'il est en réalité. Faites attention à ses désirs, à ce qu'il est. Il est unique. Il ne faut que faire attention à lui et l'observer. Encouragez votre enfant à se découvrir. L'enfant a besoin de votre soutien au long de tout ce processus.

Certainement, ce n'est pas facile pour vous. Et, parfois, cela peut produire de la douleur. Mais, à la fin, c'est le résultat qui compte. La vie nous récompense pour tout travail bien fait.

La constitution d'une personnalité est un processus à long terme. Elle commence pendant l'enfance, elle prend du contour pendant l'adolescence, mais elle continue son évolution à l'âge adulte aussi lorsqu'elle subit des transformations profondes.

La constitution de la personnalité se réalise à la suite des expériences et des choix, à la suite de l'assimilation des modèles de comportement social, mais aussi à la suite de la découverte de soi.

Votre rôle en tant que parent dans ce processus est très délicat, important et non pas dépourvu de difficulté. La difficulté résulte des deux facettes de ce rôle : d'une part, vous orientez votre enfant vers l'assimilation des modèles de comportement nécessaires à la cohabitation dans la société et d'autre part, vous l'aidez à se découvrir et à se manifester comme une individualité.

Le soutient que vous portez à votre enfant pour qu'il développe sa propre personnalité lui épargnera beaucoup de frustrations plus tard. Les parents se réjouissent quant l'enfant leur ressemble et cela est normal dans la mesure où ce qu'il a hérité d'eux est une chose utile dans sa vie. Pourtant, il a besoin de se découvrir soi-même, de découvrir les choses qui le définissent, lui et non pas les choses qui définissent ses parents. Cette découverte, compréhension et manifestation de soi va le faire se sentir mieux dans sa propre peau. Il a besoin de comprendre qui il est et de se définir, indépendamment de sa mère et de son père. Il ne doit pas être une copie de personne, mais il doit être lui-même.

E tant que parent, vous devez l'aider au long de tout ce processus où il faut suivre délicatement la manifestation de son propre soi et son intégration dans les normes sociales.

Vous vous demandez probablement : comment peux-je savoir quel est son soi ? En bien, son soi s'exprime à travers toutes ces choses qui lui font plaisir et qui le font se sentir bien. Si vous y faites attention, vous vous en rendrez compte. Il faut seulement lui permettre de les manifester, dans la mesure où elles ne nuisent pas aux autres.

N'accablez pas votre enfant de vos rêves, parce qu'il est tout à fait une autre personne, qui aura ses propres rêves.

N'accablez pas votre enfant de vos rêves, parce qu'il est tout à fait une autre personne, qui aura ses propres rêves.

Ne le chargez pas du fardeau de vos frustrations et échecs. Ne pensez pas : « si je n'ai pas fait cela, qu'au moins lui il le fasse », parce que vous ne savez pas s'il correspond à ce que vous avez voulu faire. Laissez-le découvrir ce qu'il souhaite faire.

Chaque personnalité, chaque individualité représente un univers digne à explorer par lui-même et par les autres.

Plus nous découvrons l'unicité de celui à côté de nous, plus nous le comprendrons et plus nous approcherons l'essence de son être. Après tous, nous voulons tous dépasser la barrière des comportements stéréotypés. Nous avons tous besoin de manifestations sincères, qui émanent de l'existence profonde de l'autre.

Les avantages de l'expression du soi sont grands : les relations humaines seront plus chaleureuses, plus proches et plus naturelles. Je crois que la relation que vous souhaitez avoir avec votre propre enfant ressemble à cela.

3. Les habitudes, notre seconde nature

Essayez de démarrer bien tout ce que vous faites, car le développement de tout processus dépend de la manière dont vous l'avez commencé.
Omraam Mikhael Aivanhov

Tout au long de notre vie d'adultes, nous luttons contre nos habitudes. Lorsque nous sommes enfants, nous ne nous rendons pas compte de l'importance des habitudes, mais lorsque nous voyons à quel point elles nous influencent, nous comprenons que, de plus, elles sont difficiles à changer.

On dit que les habitudes sont notre seconde nature. Rien de plus vrai. Si nous pensons seulement pour un instant à toutes les habitudes que nous manifestons pendant un seul jour, nous nous rendons compte que la plus grande partie de notre vie est fondée sur des habitudes.

Notre vie est fondée sur des habitudes.

L'habitude de boire le café le matin, quand vous n'êtes même pas bien réveillé, l'habitude de partir trop tard de chez soi ou, au contraire, d'arriver à temps quelque part, l'habitude de manger à une certaine heure, l'habitude d'appeler votre mère le soir, l'habitude de discuter un peu la situation de la collègue qui est absente pour le moment, l'habitude de fredonner une chanson au volant, l'habitude de vous coucher tard, l'habitude de sourire, l'habitude de porter une certaine coiffure, de jeter les vêtements partout etc. Et la liste est longue. Très longue.

Il y a tant d'actions que nous répétons chaque jour, au point que chaque jour ressemble beaucoup à l'autre. Ce qui fait parfois la différence c'est une rencontre avec les amis, un spectacle, une soirée de lecture, un moment agréable passé avec la famille. Autrement, les jours s'écoulent les uns après les autres, étant composés d'approximativement nos mêmes actions.

Mais les habitudes ont leur rôle bien déterminé.

Elles nous donnent un sentiment de sécurité, parce qu'elles nous offrent une expérience dont nous connaissons déjà les conséquences. Elles nous offrent le plaisir du rituel, comme par exemple le rituel de boire chaque matin le café en compagnie de l'époux ou de l'épouse et de savourer la tranquillité silencieuse de la matinée ou de prendre le dîner chaque soirée avec toute la famille.

En tant qu'enfant, par exemple, l'habitude de rentrer chez soi de l'école et de raconter à la famille les événements de la journée, vous satisfait le besoin de partager les choses de votre vie avec les proches, le besoin d'être compris ou d'être soutenu et conseillé, lorsque vous n'êtes pas sûr de la signification de ce qui vient de vous arriver. À l'âge adulte, cette habitude peut vous aider dans la communication avec la nouvelle famille, au sens que vous jouissez de son soutien et de son empathie dans le déroulement des événements de votre vie, et cela peut renforcer la relation de couple, ainsi que la relation avec votre propre enfant. Beaucoup d'enfants souffrent à cause du manque de communication avec les parents et cela non pas parce que les parents ne les aiment pas, mais parce ceux-ci n'ont pas appris à communiquer.

Les habitudes nous offrent la sécurité.

S'agissant cependant de la manifestation permanente de nos habitudes, cela signifie aussi que leur ampleur est importante, qu'elles nous influencent et peuvent nous faire du bien ou, au contraire, du mal.

Il y a donc deux aspects importants dans toute cette situation : beaucoup de ces habitudes sont prises pendant l'enfance. Et elles sont difficiles à changer.

Beaucoup d'habitudes sont prises pendant l'enfance et elles sont difficiles à changer.

Voilà pourquoi les parents doivent faire attention aux habitudes que l'enfant prend. De plus, ils doivent contribuer à l'acquisition de bonnes habitudes car les bonnes habitudes rendent notre vie meilleure et plus lumineuse, plus facile et plus confortable, tandis que les mauvaises habitudes peuvent conduire à de véritables drames.

Les habitudes influencent la qualité de notre vie.

Vous pouvez tomber malade à la suite d'une alimentation extrêmement malsaine ou vous pouvez prendre du poids à cause de cette même raison et de là : l'inconfort, le manque d'estime de soi, l'isolement, le manque de confiance en soi, un tas de mécanismes psychologiques qui pèsent sur vous et qui finissent par vous épuiser et vous ôter l'envie de vivre. Si, en revanche, vous avez pris l'habitude de manger légèrement le soir et pas après une certaine heure, vous pouvez être sûr que l'une des raisons pour lesquelles vous vous reposez bien chaque nuit est le fait que vous n'avez pas le ventre plein au moment où vous allez vous coucher.

Prenons une autre situation, qui n'a rien à voir avec l'alimentation. Est-ce que vous avez entendu parler de l'expression « fâché contre la vie » ?

Il y a des gens tellement habitués à voir seulement les mauvais aspects de leur vie ou seulement les choses qui leur manquent, qu'ils ignorent totalement ce qu'ils ont déjà. Et ainsi arrivent-ils à vivre jour après jour, fâchés contre la vie, sans se rendre compte de ce qu'ils perdent et ignorant les belles choses qui existent dans leur vie. Et plus que cela, à chaque fois qu'ils omettent de sourire, de faire un bon geste envers les autres, de penser avec amour aux autres, ils ratent la chance de rendre leur vie meilleure. C'est leur chance, mais ils la ratent car ils l'ignorent.

Ce sont seulement quelques exemples des effets que les mauvaises habitudes peuvent avoir sur la vie de quelqu'un.

Mais voyons ce qu'une bonne habitude peut faire.

Imaginons que votre enfant s'est formé l'habitude d'être une personne tolérante. Cette chose aura une grande importance dans sa vie car, grâce à elle, il acceptera les autres tels qu'ils sont et ne connaîtra pas le mécontentement, la colère et d'autres états d'esprit négatifs. Cela se reflétera dans son bien être, dans la paix et l'harmonie qu'il ressentira. N'étant pas une personne qui critique et qui juge les autres à chaque pas, les gens se sentiront bien en sa compagnie.

Et puis, il y a beaucoup de mauvaises choses qui peuvent arriver en situation de colère, n'est-ce pas ? Vous pouvez dire des choses qui offensent une personne aimée, vous pouvez dire des choses fausses, seulement à cause du besoin de libérer votre colère. Les gros mots peuvent rester dans notre mémoire et dans notre cœur pendant longtemps et peuvent aussi influencer nos actions.

La tolérance a certainement ses limites. Si vous êtes trop tolérant, vous pouvez être facilement « exploité » par les autres. C'est pour cette raison qu'il est bien d'aider votre enfant à comprendre que la tolérance a des limites aussi.

Elle est précieuse dans la mesure où elle nous aide à accepter les autres tels qu'ils sont sans les juger par rapport à ce que nous voulons qu'ils soient.

Les habitudes peuvent rendent notre vie difficile ou elles peuvent l'améliorer.

Nos habitudes nous représentent, elles construisent notre caractère et définissent notre personnalité. Vous pouvez vous rendre compte du caractère d'une personne en regardant ses habitudes.

Si nous rencontrons une personne qui dort en général 10/12 heures par jour et met ensuite 2 heures pour se réveiller, il est très probable qu'elle n'est pas une personne très efficace en ce qu'elle fait et qu'elle n'accomplit pas facilement ses tâches quotidiennes. Lorsque les moteurs sont endormis pour longtemps, il est difficile de les faire soudainement de fonctionner à pleine capacité.

Il y a des personnes que vous devez éviter lorsqu'elles se réveillent, car elles sont grognonnes, ont des réactions agressives envers les autres et elles veulent juste qu'on les laisse tranquilles.

Cette réaction permanente au moment du réveil est devenue une habitude. Et nous pouvons penser « Pourquoi est X si grincheux à chaque fois qu'il se réveille ? » sans qu'il y ait une raison de mécontentement dans la réalité présente ?

Nous pouvons en déduire que c'est quelque chose dans le passé de cette personne-là qui a réussi à former cette habitude. Une fois, à un moment donné, il y a eu une raison réelle pour laquelle cette personne-là était grincheuse au moment du réveil. Avec le temps, cette réaction est devenue une habitude, sans avoir une cause dans la réalité immédiate.

Des habitudes, des habitudes… Si vous êtes une personne qui est toujours en retard aux rendez-vous, on peut dire de vous que vous n'avez pas beaucoup de respect pour les autres.

Si vous êtes une personne qui se plaint tout le temps et si vous transformez chaque rencontre avec les autres en des moments déplaisants, chargeant les autres avec vos problèmes, vous finirez par être évité, vous serez une compagnie que les autres ne désireront pas. Vos amis penseront que c'est plus facile pour vous de vous plaindre tout le temps plutôt que de faire quelque chose de concret pour améliorer la situation.

La plupart de nos habitudes remontent à notre enfance et elles touchent toute notre vie.

Les habitudes se manifestent dans absolument tous les aspects de notre vie.

Et pourtant, il y a quelques catégories d'habitudes plus importantes qui influencent décisivement notre vie à court terme et à long terme à la fois.

Notre pain quotidien

Les habitudes alimentaires sont des habitudes profondément enracinées que nous tentons de changer. Personne ne change ses préférences alimentaires parce qu'il a découvert de goûts meilleurs, mais seulement parce qu'il regarde cet aspect d'une autre perspective.

Il arrive un moment où nous nous rendons compte que la santé est importante. Pendant l'enfance, vous entendez souvent cette phrase, mais vous n'y faites pas attention. Vous êtes enfant et vous avez toute la vie devant vous. Qu'est-ce que ça peut vous faire ? Lorsque vous découvrez enfin son importance, vous constatez que vous avez plein d'habitudes à changer. Et vous commencez un combat acharné et faites beaucoup d'efforts pour changer une petite habitude, par exemple celle de ne plus manger après une certaine heure, éviter certains aliments, etc.

Et vous réussissez à maintenir cette nouvelle habitude pour une période de temps, vous en êtes très fier, puis, vous ne savez pas comment, quelque chose arrive et vous revenez à votre vieille habitude. Après vous être privé pour une période de quelque chose que vous aviez aimé avant, après avoir rassemblé toutes vos forces pour lutter contre quelque chose de plus fort que vous-même et après être parvenu à sortir vainquant, voilà que plus tard, malgré tout le succès, la vieille habitude surgit. Pourquoi ? Et cela malgré tant d'effort ?

Quelque part, au fond de nous, nos habitudes sont devenues une seconde nature et les gens font des efforts pour les changer seulement quand les situations deviennent graves. Peu de gens parviennent à faire cela pour toujours, librement, sans contrainte.

Les habitudes sont difficiles à changer.

Beaucoup de gens retournent aux vieilles habitudes bien que l'effort déposé pour les changer soit énorme. Et alors la déception et le manque de confiance en soi sont d'autant plus grands.

Il y a plusieurs théories concernant l'alimentation, parfois tellement nombreuses et tellement contradictoires que, à un moment donné, on ne sait plus laquelle suivre.

Dans cette avalanche d'informations et de publicités qui nous entourent, nous devons trouver la capacité de voir les choses dans leur simplicité. Malgré le grand nombre d'informations qui bombardent, il y a quelques principes simples d'alimentation qui peuvent être transmis aux enfants.

Mais cela implique l'exemple du parent et un contrôle conscient des aliments qui sont achetés et qui se trouvent dans la maison à la portée de l'enfant.

L'action de manger est l'un des comportements les plus fréquemment rencontrés dans la vie de chacun d'entre nous. Nous mangeons chez nous, au travail, nous grignotons quelque chose en route, il est certain que pour la plupart d'entre nous cette activité arrive à occuper une grande partie de notre temps. Sans se rendre compte, l'homme avale des quantités impressionnantes de nourriture.

Manger est l'un des grands plaisirs de l'homme. Et aussi l'une des grandes dépendances. Nous dépendons des goûts, des saveurs, des formes et des expériences culinaires agréables déjà vécues.

Et le fait que l'action de manger occupe une bonne partie de notre vie signifie que l'effet de cette habitude est immense. Les conséquences en sont immenses aussi. Celui qui a jeûné au moins pendant un mois a senti l'influence forte et subtile de l'alimentation en même temps au niveau de notre physique, mais surtout au niveau de notre psychique.

Les enfants prennent beaucoup d'habitudes alimentaires des adultes.

Les gens ingurgitent toutes sortes d'aliments malsains par ignorance, par commodité ou par mauvaises habitudes. Parmi ceux-ci, je crois que les deux dernières vont de pair et elles sont les plus puissantes. D'une façon ou d'une autre, chacun d'entre nous sait quand il fait une erreur. Mais, on n'y fait pas beaucoup d'attention.

Les enfants prennent beaucoup d'habitudes alimentaires des adultes, l'habitude de prendre le petit déjeuner, de boire ou non des boissons acidulées, de manger des repas faits à la maison ou pris dans des restos-rapides, de manger tard le soir etc.

Une alimentation saine est la clé d'un organisme sain et notre bonheur dépend beaucoup de l'état de notre santé. D'une façon très étrange, même paradoxalement, la plupart des adultes accordent une grande importance à la santé, mais ils font des efforts pour la garder seulement le moment où ils ne l'ont plus.

Les habitudes malsaines vont déterminer votre enfant plus tard, quand il sera adulte, à déployer beaucoup d'énergie dans sa tentative de se débarrasser d'elles. Parce que, tôt ou tard, bon gré mal gré, il fera cet effort. Qu'il veuille maigrir, améliorer la santé ou seulement la garder, il sera conscient qu'il devra établir d'autres règles à suivre.

Les bonnes habitudes transmises à votre enfant lui épargneront l'effort de faire et de défaire, de commencer encore et encore et l'aideront à canaliser son énergie vers d'autres choses constructives dans sa vie.

Les pensées – un autre type de nourriture

–nous tirons l'énergie de nos pensées–

Peu de choses sont si présentes dans notre vie que nos pensées. Que nous mangions ou pas, que nous dormions ou pas, les pensées nous accompagnent tout le temps. Elles s'écoulent dans un ruisseau souterrain dont nous tirons notre énergie sans cesse.

Si vos pensées sont belles, optimistes, confiantes, tolérantes, alors l'énergie que vous ressentez est bénéfique aussi. Et vous vous rendez compte qu'elle est comme ça selon l'état de bien-être qui l'accompagne. Si vos pensées accompagnent la peur, l'envie, le mécontentement etc., alors on peut dire adieu à l'état de bien-être. Soit vous vous sentirez sans énergie, soit l'énergie que vous avez essaye de ruiner tout ce qui est bon dans votre vie, on l'appelle énergie négative.

Avez-vous jamais vu un tapis roulé ? Imaginez que vos pensées se trouvent l'intérieur de ce rouleau. Lorsque vous déploierez le tapis, vous projetterez le chemin de votre vie. Le moment où vos pensées naissent, les prémisses pour leur matérialisation sont créées aussi.

Nos pensées ont la même importance que nos actions. Il y a une énergie dans chacune d'entre elles. Que vous le vouliez ou non, cette énergie va attirer dans votre vie les choses auxquelles vous pensez. Vous y pensez et cela suffit.

La pensée a ses propres mécanismes. La façon de penser s'appuie sur quelques réglages, quelques conditionnements qui remontent à l'enfance. Elle fonctionne comme un filtre : jusqu'à un certain niveau de notre conscience nous ne voyons pas la réalité telle qu'elle est, mais telle que nous nous sommes habitués de la voir.

Disons qu'une personne de votre entourage dit une certaine chose qui vous blesse. Vous êtes dérangé par ce qu'il a dit et vous vous sentez, en même temps, pris par la colère. Finalement, votre conclusion est qu'il l'a fait exprès. C'était son intention de vous faire du mal parce qu'il devait régler quelques comptes avec vous, car une fois vous aviez dit certainement quelque chose qui l'avait dérangé. Justement, vous vous souvenez à quel point il a été bousculé par ce que vous aviez dit. C'était évident. Et vous y réfléchissez jusqu'à ce que la conclusion devienne incontestable. Il n'y a pas de moyen de se tromper, c'est ça ! X l'a fait exprès pour vous blesser, autrement, pourquoi vous sentiriez-vous si mal ?

Ensuite, pendant une discussion ultérieure avec la personne en cause vous apprenez que, en effet, ce qu'il avait dit n'avait rien à voir avec vous, mais avec quelqu'un d'autre. Et vous vous rendez compte avec étonnement que tout votre mécanisme de pensée avait été complètement faux. Vous regardez tout étonné, vous déroulez la pellicule de toute l'histoire dans votre pensée et vous vous demandez avec stupeur : comment était-il possible ?

Eh bien, voilà une interprétation qui ne représente aucune nouveauté. Quand vous étiez enfant, votre sœur aînée vous taquinait toujours. Elle le faisait parce que ça lui faisait plaisir, parce qu'elle avait un sentiment de puissance et d'importance. Mais vous pensiez qu'elle le faisait pour se moquer de vous, pour vous faire du mal. En fait, sa conduite n'avait rien à voir avec vous, mais avec elle. Mais comment pouviez vous savoir tout cela ?

Etant fréquemment victime d'une telle conduite pendant votre enfance, vous êtes devenu sensible aux observations des gens. Une sensibilité qui vous jette dans un coin d'ombre. Il vous arrive souvent de penser que les gens ont eu l'intention de vous faire du mal ou de vous mettre dans une situation défavorable.

Et comme ça, lentement, imperceptiblement, vous avez extrapolé l'expérience de votre enfance sur vos expériences de vie.

Vous avez construit un trajet que votre pensée prend à chaque fois sans détour.

Notre pensée agit comme un cheval attelé à une charrette. Il sait toujours comment arriver tout à la maison. Même si vous ne le guidez pas, il vous mènera à chaque fois à la même destination.

Cette destination est comme un but précis, c'est la croyance que nous acquérons pendant l'enfance. La route peut changer entre temps, elle peut se transformer d'une route en terre en une route en pierre ou couverte d'asphalte, mais à la fin, la destination reste la même.

Notre pensée a un trajet qu'elle prend à chaque fois. Le point de départ est une croyance, une conviction profondément enracinée pendant notre enfance et que, très souvent nous ne reconnaissons même pas.

Il y a une tendance naturelle de démontrer les choses auxquelles nous croyons.

Si je crois que les gens ont la tendance de se moquer de moi, ma pensée va prendre la route qui me démontrera que les gens se moquent de moi et qu'ils me sous-estiment.

Si je crois que je suis une personne dont l'avis compte, ma pensée va prendre la route qui ne mettra pas de barrières pour que je puisse exprimer mon avis, mais, tout au contraire, elle contribuera à l'affirmation d'un point de vue claire et fort.

Si je crois que tout ce que j'ai accompli dans la vie je l'ai fait avec beaucoup d'effort et que je suis destiné à accomplir les choses difficilement, à force de lutte, alors ma pensée va prendre la route où je n'observerai pas les voies plus faciles d'obtenir les choses que je veux.

Chaque personne perçoit la vie par l'intermédiaire de son attitude envers la vie, à travers ses jugements de valeur, à travers ses convictions. Sa perception est sa réalité qu'il est en train de vivre.

Deux personnes qui subissent la même expérience peuvent avoir des perceptions complètement différentes sur ce qui vient de leur arriver.

Au premier abord, on peut penser qu'une d'elles ment, et pourtant personne ne ment. Sauf que la réalité perçue par chacune est différente, selon la réalité intérieure de chaque personne.

Ce n'est pas la réalité objective qui nous influence, mais la façon subjective de nous rapporter à elle. Ce qui nous influence la façon de voir les choses sont les *croyances* acquises pendant l'enfance, représentant le fondement de tout l'échafaudage de notre future pensée.

Ce n'est pas la réalité objective qui nous influence, mais la façon subjective de nous rapporter à elle.

Il nous arrive souvent de regarder admirativement des personnes qui ont une approche positive des choses. Nous voyons leur façon d'affronter un problème et nous pensons « Mon Dieu, si cela m'arrivait, je serais paralysé par la peur. J'aurais été incapable de faire quoi que ce soit dans cette situation. Pourquoi ne puis-je pas réagir aussi de cette façon ? Pourquoi ne puis-je pas être aussi calme pour voir les choses clairement ? »

Et nous nous rendons compte à ce moment-là qu'il s'agit d'une réaction apprise, une habitude acquise à un certain moment sur la route de notre vie.

Par conséquent, ce ne sont pas les problèmes qui comptent, mais notre réaction face à eux. Tout le monde a des problèmes. Ce qui fait la différence c'est la façon dont nous agissons face aux problèmes. Dans cette situation, notre façon de penser, notre façon de voir les choses, notre perspective de voir les choses ont un rôle essentiel.

Le même problème peut sembler insurmontable à une personne, mais à une autre il peut être seulement une situation qui va se résoudre comme n'importe quelle autre situation.

Peu importe la difficulté des situations auxquelles nous sommes confrontées, nous pouvons trouver des solutions. Le plus important est de ne pas se laisser dominer par la peur, parce que la peur paralyse nos pensées, nos actions et la capacité de voir clairement. Si nous gardons le calme et la conviction que les choses peuvent se résoudre, les solutions ne tarderont pas à apparaître.

Chaque problème a sa propre solution. C'est cette conviction que vous devez transmettre à votre enfant.

Il est vrai que la solution trouvée peut être différente de celle que vous désiriez. Mais c'est là que se trouve la vraie magie de résoudre les problèmes.

Si nous restons accrochés à une solution particulière que nous désirons ardemment et si nous voulons que les choses se réalisent dans une certaine manière, alors il este certain que la probabilité de résoudre ce problème-là et de trouver une solution sera très réduite.

Mais si nous démontrons une flexibilité et une ouverture par rapport à une solution possible, nous découvrirons que d'autres solutions sont possibles aussi pour sortir de la situation en cause.

Une pensée positive signifie être ouvert à toutes les solutions possibles.

À un certain moment j'ai eu un employé qui venait souvent dans mon bureau et me disait : « Patronne, nous avons un problème ». Peu importe de quoi il s'agissait, c'était son exclamation invariable et il me regardait comme si le problème était sans issue.

Au bout de quelques situations pareilles, je me suis rendu compte qu'il s'agissait d'un modèle de comportement chez lui. Toute situation plus difficile lui semblait « un problème ».

La première fois je lui ai demandé : « Dis, Andrei, quel est le problème ? », même si j'admets que j'ai été un peu alarmée. Comme il avait l'air très sérieux et grave, j'ai automatiquement pensé : « Mon Dieu, qu'est-ce qui est arrivé ? ».

Petit à petit, j'ai vu qu'il ne s'agissait pas de situations graves, mais d'obstacles petits ou grands, inhérents à l'exercice de toute activité.

Ensuite, j'ai commencé à m'amuser un peu : « Un autre problème, Andrei ? ».

Lorsque nous mesurons l'impact des choses acquises pendant l'enfance, comme, par exemple, les habitudes ou l'attitude envers la vie, nous avons la tendance, d'une part de nous affoler, accablés par la responsabilité envers notre enfant, et d'autre part d'être frustrés.

Nous pensons que, si nous avions bénéficié de l'éducation de X, notre vie aurait été bien meilleure. Si notre mère avait su nous transmettre toutes ces choses ! Nous ne nous nous serions pas donné tant de peine dans la vie. Et, sans aucun doute, nous aurions su offrir à notre enfant plusieurs bonnes choses. Mais, maintenant, quoi faire ? Par où commencer ?

La panique et les frustrations ne résolvent rien.

Il n'est jamais trop tard pour discuter ouvertement avec votre enfant. Peu importe l'âge où cela arriverait, cette discussion apporte beaucoup d'avantages dans votre vie. Une immense énergie sera libérée, une énergie bénéfique qui oeuvrera à votre service.

Il n'est jamais trop tard de vous arrêter, de regarder le visage de votre enfant (peut-être est-il déjà devenu adulte) et de voir ce qu'il vous transmet. Il exprime gratitude et joie ou, plutôt, tension et nervosité ? Qu'est-ce que vous pouvez faire si c'est la deuxième situation que vous observez ? Vous pouvez trouver l'origine de la souffrance, vous pouvez le conseiller (mais attention, s'il le veut, s'il est ouvert à recevoir votre conseil et si vous suivez son intérêt et non pas votre tranquillité) et, surtout, vous pouvez lui offrir du soutien moral.

On peut toujours faire quelque chose. Nous aspirons tous à une vie parfaite, mais la vie n'est pas toujours comme ça, il y a de bons et de mauvais moments. Fermons les portes qui ne mènent nulle part et ouvrons les portes qui nous mènent vers une vie meilleure !

La pensée et l'attitude, ainsi que les sentiments qui les accompagnent vont de pair. Et ils sont tous issus d'une graine de confiance. Une graine plantée jadis, longtemps, dans notre passé, une graine que nous ne reconnaissons même plus avec le temps, mais une graine autour de laquelle nous avons tissé toute notre toile d'araignée.

Ouvrez grand les yeux pour voir la graine que vous plantez dans l'âme de votre enfant à travers les paroles, mais particulièrement, à travers vos actions. Elles sont la vraie mesure pour ce que vous transmettez à votre enfant.

Les choix

Vous récoltez ce que vous avez semé.
(Proverbe roumain)

Le chemin de notre vie est marqué par les choix que nous faisons. Tout choix peut nous ouvrir un chemin ou peut nous le fermer, il peut nous aider à évoluer ou peut nous détourner de notre chemin.

Les choix que nous faisons sont une partie de nous-mêmes et de notre routine quotidienne. Ils sont des morceaux de nous et de notre personnalité. La façon dont nous décidons de faire une chose est depuis longtemps une habitude.

Tous les choix sont importants. Je pourrais même dire que les choix apparemment petits sont plus importants. Lorsque nous prenons une décision majeure, nous analysons longtemps les alternatives. Et nous mettons en balance tout ce qui pourrait nous aider à prendre la bonne décision. Nous prenons facilement les choix mineur, mais pourtant... ils décident notre vie chaque jour.

Chaque moment de notre vie est fondé sur un choix. Nous choisissons de regarder la télé ou de lire, de nous promener à pied ou en voiture, de sortir avec les amis ou de rester chez soi en famille, de manger chez McDonald's ou de cuisiner nous-mêmes quelque chose, de faire une bonne blague ou une blague méchante, d'arriver à temps au travail ou d'être tout le temps en retard, de chercher et de trouver un travail ou de renoncer après trois essais... et la liste peut continuer autant que nous existons.

Aucun de ces choix n'est neutre. Chacun d'entre eux nous influence la vie d'une manière ou d'une autre. C'est la conscience de nos choix qui nous aide. Tout choix a une conséquence, un résultat. Quelle que soit la mesure dans laquelle les gens, la société, nos problèmes nous influencent, *ils représentent nos choix*. Et nous décidons notre vie à travers eux.

Nos choix ne sont pas neutres.

La façon dont vous, en tant que parent, faites vos choix représente un modèle pour votre enfant. Ce modèle, cet exemple de comportement peut glisser insidieusement vers le comportement de l'enfant.

Au-delà du fait que vous êtes un modèle pour votre enfant dans tout ce que vous faites, vous avez aussi un rôle important en ce qui concerne ses choix, pendant son enfance. Vous êtes celui qui le guide, qui l'oriente, qui le conseille dans les choix qu'il fait.

Par les choix que nous faisons nous pouvons créer l'opportunité pour que certaines choses arrivent ou non. Nous ouvrons ou nous fermons la porte aux événements dans notre vie.

Disons que quelqu'un est à la recherche d'un emploi. À un moment donné il voit une annonce dans un journal pour un emploi dans une entreprise connue. S'il est pessimiste et s'il n'a pas de confidence en ce que la vie peut lui offrir, il peut considérer qu'il n'a pas de chance de prendre l'emploi parce que l'entreprise est trop fameuse et certainement, selon lui, « on a besoin de relations pour y percer ». Et ainsi, il ferme cette porte tout seul. S'il est optimiste, il peut considérer qu'il ne doit rater aucune chance et qu'il doit essayer tout ce que la vie lui offre. Maintenant je peux vous dire que cet exemple est réel et que la personne n'a pas raté cette opportunité-là. Et, encore, il a même occupé le poste.

C'était seulement un exemple. Mais la vie nous offre tout le temps ce genre de situations. La plupart sont des situations fréquentes de la vie.

Nos choix sont soumis à une loi naturelle, universellement valable, des conséquences, pour chaque action que nous faisons, pour chaque choix, que ce soit au niveau de comportement ou seulement à celui de la pensée.

On parle alors de la loi de cause-effet qui agit pour tout le monde de la même manière. Le peuple a exprimé cette loi par le proverbe « Vous récoltez ce que vous avez semé».

Nos choix, nos actions ont des conséquences.

C'est une loi très simple que nous voyons et nous sentons tout le temps. Ce qui vaut d'être retenu dans le contexte de notre sujet c'est le fait qu'une grande partie de ces graines causales sont plantés pendant l'enfance. La vie que nous vivons c'est l'effet, la conséquence de nos actions et de nos pensées, résultant des croyances, des valeurs et des réglages de pensée appris pendant notre enfance.

J'ai assisté à des situations où les parents conseillaient à leurs enfants, encore à l'âge où ils étaient en train de se former, de profiter d'une circonstance, même si cela signifiait la violation des droits et des intérêts des autres. Tout semble correct en apparence. « Je suis intéressé seulement au bien être de mon enfant » - disent-ils. Et, pourtant, combien de mal peut provoquer à votre enfant ce principe et le choix d'agir selon son propre gré ! Agissant seulement en fonction de son intérêt, il va déclencher l'apparition de beaucoup de situations qu'en fait, il ne désire pas dans sa vie. Mais, parfois, l'écart entre la cause et l'effet peut être tellement grand que vous ne pouvez pas déterminer où tout a commencé.

La conscience du fait que vous décidez de votre vie par ce que vous faites, par ce que vous pensez place une immense responsabilité sur vos épaules. C'est plus facile de dire que c'est la faute du destin, plutôt que de penser où vous auriez pu agir autrement pour que le résultat soit différent. Peut-être que nous ne pouvons pas expliquer tout ce qui se passe dans notre vie. Mais, si nous regardons attentivement, nous verrons que la plupart des choses ont un certain rapport à ce que nous avons fait ou pensé à un moment donné.

Aidez votre enfant à découvrir cette responsabilité et vous ne le regretterez pas. Cela l'aidera à faire plus d'attention aux choix qu'il fera. Aidez-le à voir la vie en son ensemble. Aidez-le à voir les choses à long terme. Parfois, ce qui peut être douloureux à court terme, peut lui apporter de réels avantages à long terme.

4. La discipline

La chance n'apparaît que là où il y a la discipline
(Proverbe irlandais)

Nous tous, adultes et enfants, aimons la liberté de faire ce que nous voulons. Et pourtant, sans respecter quelques règles, nous ne pourrions pas cohabiter. Les règles peuvent rendre notre vie plus facile dans la société si nous les comprenons, les acceptons et les approprions. En ce qui concerne le respect de la vie sociale et de ses règles, j'ai une seule précision : une règle doit passer premièrement par le filtre de votre pensée et de votre émotion. Il est vrai que parmi les règles censées rendre notre vie plus facile, il y a beaucoup d'aberrations. Ainsi, ne chargez pas votre enfant et vous-même de règles inutiles, car elles n'apporteront rien de bon.

Ne forcez pas votre enfant de faire certaines choses seulement pour plaire aux adultes, s'il ne le veut pas : par exemple le faire dire aux invités le poème appris à l'école maternelle, seulement pour démontrer qu'il a une bonne éducation. C'est, bien sûr, agréable de voir des enfants accumuler des informations et ensuite les exprimer d'une manière personnelle, mais ce n'est pas utile pour l'enfant de le forcer à faire quelque chose seulement pour plaire aux autres.

Une règle doit passer premièrement par le filtre de votre pensée et de votre émotion.

La discipline signifie l'habitude de respecter certaines règles, l'habitude d'avoir un programme, d'élaborer un plan et d'agir conformément à lui pour atteindre les buts établis.

Par exemple, si vous devez passer un examen, sans une planification de la matière et sans étudier, il est peu probable que vous passiez cet examen. Faire le plan et le respecter suppose une certaine discipline et un effort de volonté.

L'éducation suppose la discipline. Malheureusement, le terme de discipline a acquis une connotation négative. Lorsqu' on parle de discipline, on pense automatiquement à des choses imposées.

Il est vrai que la société nous impose les règles selon lesquelles nous vivons. Nous comprenons le sens de certaines règles, mais pas de toutes ; nous pouvons être d'accord avec les règles de la société ou non.

Mais, lorsqu'il s'agit de l'éducation de votre enfant, il devient important que l'éducation et la discipline soient accomplies par le truchement de sa motivation et de son implication.

La discipline s'accomplit par la motivation et l'implication de l'enfant.

Les enfants ont besoin de discipline et ils ont également besoins des limites établies par leurs parents parce qu'elles leur offrent la sécurité et les aide à s'intégrer plus facilement dans la société.

Si un parent permet à son enfant de faire absolument tout ce qu'il veut, il est possible que celui-là pense que cela est égal aux parents. « Autrement, pourquoi me permettraient-ils de faire n'importe quoi ? » - pourrait-il penser.

Une liberté totale ne le met point en valeur. En échange, lorsque l'enfant respecte ce que le parent lui demande et que le parent montre son appréciation, l'enfant se sent apprécié.

Même s'il apprécie votre permissivité, l'enfant pressent ce qui est bien car les enfants ont une sensibilité particulière. Surtout les petits ont, en général, une très bonne intuition qui n'a pas encore été atténuée par la multitude de règles imposées par la civilisation. Vous allez probablement dire que je me contredis en disant tantôt qu'il est besoin de règles, tantôt que les règles détruisent en fait certaines qualités avec lesquelles nous sommes nés.

Eh bien, les deux choses sont valables. Dans la société nous ne pouvons pas cohabiter dans de bonnes relations si nous ne respectons pas les règles. Sans ces règles, ce serait le chaos ; imaginez ce qui pourrait arriver s'il n'y avait pas le code de la route ; ce serait immédiatement le blocage, puis, probablement, les gens commenceraient à se chamailler car comment pourriez-vous justifier que X a la priorité s'il n'y avait pas une règle précise en ce sens ?

D'autre part, la multitude de règles que nous devons respecter, l'affluence des responsabilités que la vie sociale suppose, peuvent atténuer certaines qualités avec lesquelles nous sommes nés. L'une de ces qualités est l'intuition.

Si vous vous trouvez près d'un petit enfant et si vous lui faites attention, vous serez étonné de voir combien de vérités il peut dire ; et cela d'une manière très simple.

L'autre jour j'ai entendu un garçon demander à sa mère : « Pourquoi Radu est-il si égoïste ? ». En fait, Radu n'avait pas voulu lui donner un bonbon. Le petit n'a pas demandé pourquoi Radu avait été méchant, mais pourquoi il était égoïste. Pour l'enfant de quatre ans c'était absolument claire que ne pas partager avec les autres ce que tu as, c'est un geste d'égoïsme, un concept qui n'est pas trop clair même pour nous, les adultes.

J'ai maintes fois vu comment les adultes essayaient d'exprimer les choses d'une manière très voilée, éventuellement de contourner la vérité, mais l'enfant avec son intuition remarquable, va droit au but, comme dans un jeu. Vous entendez de lui la vérité toute nue.

Revenant au besoin de discipline de l'enfant, l'existence des règles claires lui offre la sécurité et le sentiment d'être protégé. Je souligne : des règles claires, fermes, stables et pas absurdes.

L'existence des règles claires offre à l'enfant un sentiment de protection et de sécurité.

Au cours de notre vie nous sommes en train d'expérimenter des choses. Au début de la vie, lorsque nous sommes encore des enfants, cette expérimentation est accentuée. Tout est nouveau et doit être exploré. L'enfant ne sait pas ce qui peut se passer et quel danger peut survenir. Par conséquent, les règles peuvent lui offrir la sécurité. Il sait que rien de mauvais ne peut arriver s'il respecte ce que ses parents disent.

Lorsqu'il est petit, l'enfant vérifie les limites qui lui sont permises. Il arrive souvent qu'il fasse quelque chose ou qu'il dise une chose seulement pour observer attentivement la réaction de ses parents. Il lui semble anormal que les parents lui donnent la permission de jouer sur l'ordinateur à minuit mais, s'ils sont occupés avec leurs invités et s'ils sont plus permissifs ce soir-là, pourquoi pas ?

Les enfants profitent des points faibles de leurs parents, mais cela ne signifie pas que cette chose leur fait forcément plaisir parce qu'ils saisissent le conflit entre ce qu'ils savent ou sentent que c'est bien de faire et ce qu'ils font, en fait. Parce qu'il y a le conflit entre ce qu'ils croient ou qu'ils sentent être bien de faire et ce qu'ils font.

Pas seulement les petits enfants ont besoin de limitations, mais aussi les grands. J'ai rencontré une adolescente qui me racontait que ses parents qui lui faisaient confiance lui avaient dit : « Entre cette limite-ci et cette limite-là tu peux faire ce que tu veux. C'est ton problème. »

Pourtant, elle me confesse sur un ton suppliant : « Mais j'ai besoin de beaucoup de conseils ». Elle me fait comprendre que ces limites, trop larges d'ailleurs, ne sont pas suffisantes pour elle comme repères de vie, qu'elle a besoin de conseils précis, d'être guidée et qu'elle a besoin d'aide pour se débrouiller dans les situations difficiles dans la vie.

Sa situation est certainement fréquente dans la société actuelle où la plupart des parents sont très occupés. Il arrive souvent que même nous, les adultes, ayons besoin d'une personne qui nous donne des conseils, qui puisse nous guider et nous aider à clarifier ce que nous devons faire. Les enfants et les adolescents – d'autant plus.

Comment la discipline nous aide-t-elle dans la vie ? Le respect des règles et l'existence d'un certain ordre dans notre vie rendent notre existence plus facile.

Les règles rendent notre vie plus facile à condition que nous les acceptions et les appropriions.

Prenons l'exemple d'une personne qui est habituée dès son enfance à être ordonnée. Cette personne ne perdra jamais son temps à chercher ses affaires, elle aura le confort d'un milieu agréable et elle ne dérangera jamais les autres membres de la famille avec son désordre. Au travail, elle sera respectée parce qu'elle est ordonnée, parce qu'elle sait toujours où se trouve un dossier ou un document et parce qu'elle remet des documents impeccables etc.

Une personne désordonnée perdra beaucoup de temps et d'énergie pour trouver les choses qu'elle ne remet pas à leur place et sera un cauchemar pour les gens autour d'elle.

Ces exemples font référence à la discipline d'être ordonné. Je ne voudrais pas êtes mal comprise. Je ne plaide pas pour l'ordre parfait, au contraire, je considère que dans une maison où il y a de la vie et de la joie, il est impossible que les choses soient parfaitement à leur place.

Généralement, lorsqu'on parle de discipline, on comprend un enfant sage ou un enfant désobéissant. La discipline ne signifie pas seulement l'obéissance envers les parents mais, comme je l'ai déjà dit, elle a comme objectif l'acquisition de certaines compétences. Brosser les dents le matin et le soir, mettre les affaires en ordre le soir et ne pas les jeter partout, voilà des exemples de discipline. Le fait d'attribuer un certain nombre d'heures par jour pour l'étude, de parler après que les autres finissent de parler, d'avoir l'habitude de travailler afin d'obtenir quelque chose, tout cela relève de la discipline.

En ce qui concerne la discipline, la chose la plus importante est qu'elle doit être appropriée par l'enfant, autrement elle n'a pas une valeur trop grande.

La manière de transmettre la discipline est essentielle. C'est extrêmement délicat parce que vous êtes aussi un être humain et vous avez vos propres limites et l'enfant se plaît bien à les tester.

La discipline se fait avec amour et fermeté. Si vous êtes furieux, il vaut mieux remettre à plus tard votre effort de discipline et dire : « Nous en parlerons plus tard. Maintenant je veux me calmer. »

Votre colère montre que vous êtes déjà affecté. Une partie de vous se sent blessée et, sans vous en rendre compte, votre concentration s'est déplacée du problème qui devait être résolu - la leçon de discipline - vers le problème de votre ego affecté par la désobéissance de votre enfant.

La seule chose qui puisse arriver sous l'emprise de la colère est d'offenser et d'humilier votre enfant. Adieu leçon de discipline !

La discipline se fait avec amour et fermeté.

Pour le motiver et pour l'aider à s'approprier les règles que vous voulez que votre enfant apprenne, il faut que vous-même vous soyez un modèle en ce sens. Vous ne pouvez pas lui demander de faire quelque chose que vous faites d'une manière complètement différente. Vous ne pouvez pas lui demander de consommer des aliments bons à la santé tandis que vous mangez tous les jours des produits fast-food.

C'est bien de lui expliquer pourquoi il doit faire les choses d'une manière ou l'autre, mais il y a aussi des situations où le petit enfant voit les explications comme un signe de faiblesse et alors, après lui avoir expliqué quels sont les avantages s'il respecte une règle, vous devez être très ferme et finir la discussion.

L'enfant a la tendance de transformer votre relation avec lui dans un rapport de forces. Il exulte lorsqu'il vous domine. Même s'il n'est pas facile, vous devez renverser ce rapport et cela pas par la force, mais par l'intermédiaire de l'intelligence et de l'amour.

Si vous arrivez à rester calme dans une circonstance difficile ou à regagner votre calme aisément, vous verrez que les solutions à des situations de conflit viendront plus facilement que lorsque vous êtes furieux.

La discipline sans corriger les erreurs n'est pas vraiment possible. Les petits enfants ne savent pas quand ils doivent s'arrêter – ils sont toujours sous la domination de « je veux » – et, c'est justement pour cela qu'ils ont besoin de discipline.

La chose la plus importante lorsque l'on fait une correction est que celle-ci doit être en rapport avec l'erreur commise par l'enfant. S'il a obtenu une mauvaise note et, par conséquent, vous lui interdisez de sortir dans le parc pendant un mois, sa frustration sera très grande. Il sentira que votre décision n'est pas correcte et il perdra sa confiance en vous et en votre capacité de le protéger.

Ne lui donnez pas plusieurs sanctions pour la même erreur. Il y a des parents qui, pour la même erreur, et une pas trop grande, interdisent à l'enfant beaucoup de choses : tu n'as plus accès à tes jouets pendant un mois, tu ne peux plus sortir dans le parc, tu n'as plus le droit de regarder la télé, ni de jouer sur l'ordinateur, etc.

Ce genre d'interdictions sont aberrantes et bouleversent l'enfant. Au lieu de se sentir protégé, il se sent menacé par vous.

La punition appliquée correctement a une valeur positive. Elle réduit le sentiment de culpabilité de l'enfant ; même s'il sait toujours quand il a tord, il a besoin de l'entendre de vous, comme adulte. Et parce que, étant petit, il n'a pas encore appris la maîtrise de soi, il a besoin de vous pour l'aider à le faire. La punition éloigne le sentiment de culpabilité de son cœur.

Mais n'oubliez pas : la punition doit être en rapport avec l'erreur commise, elle ne doit pas être appliquée en colère et vous devez continuer à lui montrer votre amour.

Cet amour agit pour lui comme un soutien qui l'aide à dépasser les punitions et les moments difficiles dans le processus de son éducation.

La discipline prépare l'enfant à la vie, à vivre dans la société. S'il n'a pas appris à respecter les règles de la vie en commun, il sera rapidement puni par la société ou il en sera purement et simplement rejeté.

La punition doit être en rapport avec l'erreur commise.

Si vous prononcez le mot « armée », la première chose qui vient à l'esprit est la discipline, l'ordre et la discipline sans lesquels aucune lutte ne pourrait être gagnée.

Cela est valable aussi au niveau individuel. Sans une discipline conséquente nous ne pouvons atteindre aucun but. Quel que soit notre but dans la vie, nous avons besoin d'un plan et de la force de le mettre en œuvre. Cette force est le résultat d'un effort de volonté et d'action qui signifie, en fait, la discipline.

Le point culminant dans l'évolution positive des règles imposées est représenté par l'autodiscipline qui est la discipline comprise, appropriée et assumée. Elle est fondée sur un désir accentué d'accomplir ou d'obtenir quelque chose. Elle est fondée sur la conscience du fait que, si vous désirez une chose, vous devez faire un effort constant et appliqué afin de l'obtenir. Un effort chaotique n'apporte aucun bénéfice, mais plutôt des préjudices comme par exemple la déception de ne pas avoir obtenu ce que vous vouliez. Et, bien sûr, une fatigue immense sans aucun résultat.

L'autodiscipline est le moyen de réaliser vos rêves, les choses que vous désirez dans la vie. L'autodiscipline signifie rigueur, elle signifie être conscient de ce que vous désirez, avoir un plan et agir par conséquent.

Elle est l'expression de la maturité d'une personne, elle est l'apogée du développement individuel mais, en même temps, une condition pour celui-ci.

L'autodiscipline est un élément important de notre vie intérieure.

La discipline acquise à travers l'éducation est le point de départ vers l'autodiscipline. Par conséquent, la discipline doit avoir un but précis, un sens, une logique. Elle ne doit pas être appliquée seulement parce que toi, tu es petit et tu fais ce que moi, l'adulte, je te dis de faire. Elle ne doit pas étaler un rapport de forces. Elle doit avoir une logique comprise par l'enfant ; c'est seulement en ce contexte qu'il peut se l'approprier. Comme ça elle peut se transformer, au moment opportun, en autodiscipline.

La discipline s'apprend, elle s'acquiert. Ce n'est pas quelque chose d'inné. Vous, en tant que parent, vous êtes le premier à aider votre enfant à parcourir le chemin de la discipline extérieure, imposée, à celle intérieure, qui l'aidera à accomplir ce qu'il veut dans la vie.

La discipline s'apprend, elle s'acquiert.

5. Les éléments d'une vie heureuse

Le pardon

La capacité de pardonner est *la source la plus puissante de notre tranquillité spirituelle.* Le pardon apporte dans notre âme la paix et la joie. Lorsque l'on peut pardonner les petites ou les grandes offenses faites par les autres, les luttes et les troubles intérieurs disparaissent. En fait, c'est la source des énergies négatives qui disparaît. Nos sentiments s'apaisent et s'adoucissent.

La capacité de pardonner aux autres est étroitement liée à la capacité de se réconcilier avec soi-même, à notre acceptation de nous même, tels que nous sommes. La paix intérieure et la joie résultent, premièrement, de la réconciliation avec soi.

La capacité de pardonner est la source la plus puissante de notre tranquillité spirituelle.

L'estime de soi est le point autour duquel toute notre vie gravite et se trouve étroitement liée à la façon dont nous nous sentons acceptés par nos parents.

Bien souvent, les parents ont leur propre vision sur la trajectoire de la vie de leur enfant. Ils rêvent que leur enfant devienne docteur, économiste ou manager, qu'il gagne beaucoup d'argent, qu'il ait une famille, des enfants et qu'il fasse les choses d'une certaine façon, tout comme eux, ils ont été habitués.

Parfois, lorsqu'ils demandent à l'enfant de faire quelque chose, ils veulent qu'il le fasse d'une certaine façon, sans le laisser découvrir tout seul sa propre modalité de faire cette chose-là. Et lorsque l'enfant est petit, ils lui imposent de diverses choses sans essayer d'obtenir son implication ou sans le faire comprendre pourquoi elles sont nécessaires. Ils formulent un raisonnement du type : « Il est petit et il doit obéir. »

Toutes ces situations donnent naissance, le plus souvent, dans l'âme de l'enfant, au sentiment qu'il n'est pas accepté tel qu'il est, avec ses désirs et sa personnalité.

Il est possible que ce sentiment ne soit pas pris en compte, mais il peut exister et il peut générer d'autres sentiments différents : qu'il n'est pas aimé, que d'autres choses sont plus importantes que lui, puisque ses désirs ne comptent pas beaucoup, qu'il y a un problème avec lui.

Il peut éprouver des sentiments de culpabilité, ce qui est une raison pour que beaucoup de ses sentiments d'enfant ou d'adulte soient dirigés contre lui-même. (Si nous réfléchissons un peu, nous trouverons beaucoup d'exemples de comportements qui portent atteinte à notre intégrité physique et psychique : travailler jusqu'à l'épuisement, l'alimentation malsaine – nous savons qu'ils ne nous font pas de bien et, pourtant, nous continuons à consommer des aliments qui détruisent notre santé – le manque de repos, l'incertitude de mériter une vie meilleure, etc.)

Laid ou beau, chaque sentiment entraîne un autre sentiment de la même nature que celui qui l'a provoqué, mais souvent d'une ampleur plus grande.

Les sentiments sont comme un tourbillon. Ils éclatent dans nos âmes et entraînent beaucoup d'autres expériences.

Par exemple, si dans l'âme de l'enfant entre le soupçon qu'il y ait quelque chose que ne va pas chez lui, alors il peut devenir plus réservé, complexé, ayant une faible confiance en lui. Voilà ce qui peut susciter sa haine et sa colère contre les autres. Comme adulte, il apprendra à cacher ces choses, mais elles ne cesseront pourtant pas d'exister derrière les conventions sociales.

C'était seulement un exemple. Les situations peuvent être multiples. Il est important de comprendre qu'il y a des ficelles invisibles qui nous attachent à notre enfance et auxquelles nous restons liés toute la vie.

La capacité de pardonner provient d'une attitude d'ouverture et d'amour envers les gens, elle se mêle avec nos croyances et se cache derrière la plupart des sentiments que nous éprouvons. Elle jaillit du tréfonds de notre être mais, en même temps, elle a une relation directe avec l'attitude plus ou moins tolérante des modèles familiaux.

Si vous encouragez l'enfant à développer sa propre personnalité et si vous l'acceptez tel qu'il est, même s'il est différent de vous, les chances sont grandes pour qu'il devienne une personne qui a de la confiance de soi et, par la suite, beaucoup de ses émotions émaneront : un état général de bien-être, l'optimisme, la tolérance envers les autres, la capacité de dépasser les petits inconvénients, de comprendre et de pardonner aux gens qui les provoquent.

Je souligne encore une fois ce que j'ai dit au début de ce livre : le devenir d'une personne est un processus complexe. Chaque trait de personnalité résulte d'un mélange des plusieurs ingrédients. Tous ces ingrédients passent par le filtre de la personnalité en train de se former. Le résultat est une combinaison que personne ne peut contrôler.

Tout ce que nous puissions faire en tant que parents est de s'assurer que les ingrédients fournis sont bienfaisants et bons.

Une attitude de pardon peut devenir une habitude. L'habitude de pardonner et d'être tolérant a des avantages évidents pour la personne qui les manifeste parce qu'elle génère des sentiments positifs, elle est la nourriture pour notre âme et un baume pour les personnes qui nous entourent.

Une attitude de pardon vous protège de frustrations, de colère et de leurs conséquences.

La capacité de pardonner suppose une profonde compréhension de la nature humaine.

Une attitude de pardon vous protège de frustrations, de colère et de leurs conséquences.

Vous pouvez penser que si vous arrivez à pardonner à tout le monde, alors tout le monde vous foulera aux pieds. Pourtant, le fait de pardonner à quelqu'un qui a commis une erreur en ce qui vous concerne, ne signifie pas avoir une attitude passive envers cette personne-là. Vous pouvez toujours lui communiquer ouvertement et clairement ce que vous en pensez, ce qui vous a bouleversé et quelles sont les limites qu'elle a dépassées. Si la situation est grave, vous pourrez lui dire ce qui arrivera si le même cas se répète. Il est important de le faire sans offenser personne, mais avec sincérité et fermeté. Ne confondez pas le pardon avec vos démarches pour clarifier la situation et faire qu'elle ne se répète pas. Le pardon est, avant tout, un processus profondément intérieur qui suppose la disparition de la charge émotionnelle négative, liée à celui qui vous a offensé ou a commis une erreur en ce qui vous concerne.

Un parent doux ne peut pas éduquer un enfant furieux. L'enfant voit les manifestations de son parent, il grandit influencé par elles et les assimile.

Si le parent à une attitude compréhensive et pardonne les erreurs de quelqu'un, l'enfant apprendra cette attitude. L'attitude de pardon ne suppose pas le manque de fermeté, mais au contraire. Pour celui qui pardonne, il est très limpide pourquoi il le fait et il manifestera la garantie de celui qui sait ce qu'il est en train de faire.

Si vous aimez les animaux et vous le montrez, il est certain que votre enfant ne sera pas une personne qui jettera des pierres aux chiens.

L'enfant observe que vous caressez les chiens à chaque fois que vous les rencontrez, il voit que vous vous préoccupez d'eux et que vous les nourrissez à chaque fois que vous pouvez le faire, même s'ils sont des chiens errants. Il entend la douceur du ton de votre voix lorsque vous leur parlez et il se sent envahi par la chaleur qui jaillit de votre âme. À son tour, il fera la même chose.

Ne vous inquiétez pas s'il tire la queue d'un chien quand il est encore petit, c'est une attitude passagère. Il ne fait que tester un peu les limites pour voir ce qui se passe. Ce qui est important c'est son attitude en tant qu'adulte.

Si vous montrez de la compréhension envers les gens, si vous ne vous fâchez pas à chaque fois que quelqu'un fait les choses d'une autre manière que vous, si vous ne portez pas rancune lorsqu'une personne a essayé de vous offenser, alors votre enfant manifestera lui aussi ce comportement durant sa vie.

Le pardon nous aide à dépasser les sentiments de culpabilité qui se glissent dans notre âme. Le pardon nettoie la route par où nous marchons. Et si notre âme est tranquille, nous pourrons jouir des belles choses de la vie, nous pourrons être plus efficaces dans nos actions parce que notre énergie ne sera plus absorbée par les émotions négatives (amertume, colère etc.) et nous pourrons l'utiliser à pleine capacité pour des buts bénéfiques à notre vie et à ceux qui nous entourent.

Le pardon est l'un des ingrédients du bonheur de votre enfant. Sa manifestation permanente peut la transformer en une habitude qui réchauffera l'âme de votre enfant. Son absence signifie la présence d'émotions que personne ne désire, mais ne sait pas exactement comment les éloigner. Sans une attitude tolérante, votre enfant va accumuler tous les chagrins et les émotions négatives provenues d'événements qui pourraient être dépassées avec amour et compréhension, sans faire de sa vie un enfer, même si un vase de valeur a été cassé, si un ami s'est moqué de lui ou s'il a perdu une grosse somme d'argent. Toutes ces situations perdent leur signification devant les choses les plus importantes : la vie elle-même et la joie de vivre.

Le pardon est l'un des ingrédients du bonheur de votre enfant.

Presque toutes nos manifestations deviennent des habitudes et le pardon ne fait pas exception. Ça dépend de nous quelles habitudes choisir pour les renforcer et les transmettre.

Lorsqu'ils sont petits, les enfants sont comme des éponges. Ils absorbent tout ce qui les entoure. Quand ils grandissent, ils essaient de couper ces ficelles invisibles qui les unissent à l'enfance, surtout quand ces attaches n'apportent pas de bonheur dans leur vie. Mais, ils ne réussiront jamais à les couper complètement. Et ce qu'ils réussiront à changer ils le feront avec une consommation élevée d'énergie. Une consommation pour quelque chose qui aurait pu être, dès le début, bénéfique dans leur vie.

L'amour inconditionnel

L'amour est quelque chose vers lequel nous aspirons tous. C'est un mot sur les lèvres de toute personne.

Premièrement, l'amour existe au niveau des émotions, ensuite il acquiert de différentes manifestations dans notre comportement. Son existence est comme une sphère de feu, comme une immense source de chaleur qui réchauffe l'âme de votre enfant. Cette source-là existera pour toute sa vie, même au moment où votre vie sur terre arrivera à sa fin.

Rien n'a plus de force que ce sentiment dans notre vie. Nous tous, enfants et adultes, nous avons besoin de sa chaleur, de ses émanations subtiles. Le sentiment d'être aimé par les parents assure notre équilibre émotionnel. C'est le point où notre vie trouve son équilibre.

« Certaines personnes sont comme un seau troué » - disait un formateur d'analyse transactionnelle. Même s'ils reçoivent ce qu'ils désirent, l'amour qu'ils recherchent, ils sont constamment frustrés à cause du trou par où dégouline tout ce qu'ils reçoivent. Ils ne peuvent jamais avoir l'amour et l'affection qu'ils veulent beaucoup, même s'ils les souhaitent désespérément.

Ce trou du seau représente l'absence de la certitude d'être aimé. Si une personne a grandi ayant la conviction que ses parents ne l'aiment pas, très facilement, étant petit, il peut extrapoler ce sentiment à celui qu'il ne mérite pas d'être aimé, qu'il n'est pas digne de cela. Et, en tant qu'adulte, le fait qu'il désire être aimé sera en contradiction avec le sentiment qu'il ne le mérite pas, sentiment très bien caché en son subconscient et, de cette manière, tout ce qu'il recevra au niveau affectif dégoulinera.

La capacité de discernement du petit enfant est limitée. Il tend à attribuer à lui-même les choses qui se passent autour de lui. Si ses parents se disputent ou s'ils divorcent, il peut penser que c'est de sa faute. Si ses parents sont occupés (et de nos jours les parents sont très occupés) et pris par les tâches quotidiennes, l'enfant peut penser qu'il ne mérite pas leur affection. Le petit enfant n'a pas la capacité de voir le monde en son ensemble. Il met en rapport ce qui lui arrive avec sa propre personne. En conséquence, quelque occupés que nous soyons, quelque tracassés par nos problèmes existentiels, il faut assurer à l'enfant le soutien affectif nécessaire.

L'amour n'est pas en contradiction avec la discipline. Je peux dire avec certitude que, s'ils vont de pair, alors le résultat sera remarquable. L'enfant a besoin d'être discipliné et, en même temps, il a besoin d'amour.

La discipline suppose souvent une stipulation. « Lorsque tu finiras tes devoirs, tu peux jouer », « Si tu es sage pendant la visite, tu recevras une glace », ou « Si tu reçois un prix à la fin de l'année scolaire, je t'achèterai un vélo ».

Peu importe si ses comportements sont conditionnés par des récompenses ou des punitions, l'enfant a besoin de sentir que vous l'aimez sans aucune condition, que vous l'aimiez malgré son caractère : plus ou moins intelligent, méchant ou bon, plus timide ou plus audacieux. Votre amour pour lui ne se négocie pas. À tout moment de sa vie il a besoin de sentir votre amour. Cela lui offre la sécurité émotionnelle et le pouvoir de continuer son chemin, au-delà des punitions et des règles qu'il doit respecter.

L'amour pour votre enfant ne se négocie pas.

L'amour se manifeste dans tout ce que nous faisons : lorsque nous le grondons ou nous sommes fâchés. Il se manifeste par l'intermédiaire de notre comportement, par le ton de la voix, par l'expression de notre visage, surtout celle de nos yeux. Il peut se manifester tout simplement par notre présence. Votre présence près de lui lorsqu'il est ravagé peut être le soutien dont il a besoin pour dépasser l'obstacle.

Il y a des moments où les mots n'aident pas. Certaines situations peuvent être tellement tendues que vous ne pouvez l'aider que seulement par votre présence là, près de lui, en montrant que vous comprenez sa souffrance et que vous le soutenez. Ça lui sera suffisant. Certes, lorsque le moment critique commence à s'estomper, vous pouvez aussi discuter avec lui, car ce sera utile.

Le temps passé dans sa compagnie est la preuve de votre amour. L'écouter et lui offrir la possibilité de s'exprimer signifient aussi une manifestation d'amour.

Les mots. Ils sont un important véhicule de nos sentiments et de l'énergie qui en ressort. Cette chose a été prouvée par le physicien Masaru Emoto, qui a démontré par de nombreuses expériences que l'eau change de structure et de qualité selon l'exposition à de différents mots. Les mots positifs, chargés d'énergie bénéfique, comme « merci », « amour », « reconnaissance », forment pendant le processus de gelée des cristaux équilibrés et bien définis, tandis que les mots chargés négativement, comme « fou » ou « ce n'est pas bien » forment des cristaux déformés et fracturés.

Puisque nos corps sont composés d'environ 70 pour cent d'eau, les mots utilisés nous influencent.

Les mots ont un effet immense sur nous et sur les gens qui nous entourent. Il faut éliminer les mots chargés négativement lorsque vous parlez avec votre enfant. Vous verrez comment un ton doux et des mots positifs peuvent faire des merveilles.

Vous devez généralement éviter les formules qui contiennent des négations comme : « Tu ne veux pas manger ? » comme si vous lui demandez de répondre négativement. Par contre, vous pouvez dire : « Veux-tu manger ? » ou « Qu'est-ce que tu veux manger ? ».

C'est une habitude généralisée d'employer fréquemment des expressions comme : « Tu ne veux pas jouer dehors ? », « Tes copains ne viennent pas chez toi ? » etc. Une approche positive de ses expressions est bénéfique d'un côté grâce aux mots utilisés mais, d'un autre côté, parce qu'elle n'implique pas une réponse. La possibilité de choisir la réponse est libre.

Eliminez les mots chargés négativement lorsque vous parlez avec votre enfant.

Les mots, avec notre comportement, le ton de la voix, l'expression de notre visage et, surtout, nos pensées représentent des manifestations de nos sentiments. A travers toutes ces manifestations, l'enfant ressent ce que vous lui transmettez. C'est en vain que vous lui dites que vous l'aimez si vous le traitez de sot, si vous le regardez avec haine lorsque vous êtes furieux ou si vous ne lui permettez pas de parler à chaque fois qu'il veut dire quelque chose. Au-delà des mots, il sentira le vrai message.

Aucune autre chose parmi ce que vous pouvez lui offrir n'aura la valeur de votre amour inconditionnel. Votre amour est une pierre précieuse qu'il garda dans son âme pour toujours.

L'amour inconditionnel que vous offrez à votre enfant l'accompagnera toute sa vie.

La prière

Cela peut sembler étrange, mais beaucoup de parents éprouvent des états de colère envers leurs enfants. Il y a même des situations où ils les jurent. Les raisons sont multiples : que l'on ne leur obéit pas, et cela leur donne le sentiment de perdre le contrôle, ils ont peur que leur image soit détériorée devant les personnes connues, les amis, ils vivent un sentiment d'infériorité dans une situation où ils ne savent pas comment agir avec leur enfant etc. Je ne vais pas approfondir ces raisons, ces causes qui ont affaire plutôt aux émotions subjectives des parents qu'avec la situation elle-même.

C'est important de savoir que ces manifestations existent et qu'elles peuvent provoquer beaucoup de mal à l'enfant, soit-il petit ou grand. Entre les parents et les enfants il y a un fort lien émotionnel, un lien énergétique fort. Les mots, tout aussi comme les pensées des parents liées aux enfants, ont un fort impact sur eux. Cet impact se trouve à un niveau très subtil.

Un mécontentement persistent des parents contre leur propre enfant peut provoquer beaucoup de chagrin à celui dernier. Toutes les pensées, bonnes ou mauvaises, que quelqu'un éprouve pour nous, nous affectent. Lorsqu'il s'agit de la relation parent-enfant, cet impact est d'autant plus grand à cause du lien étroit entre eux.

L'autre aspect de cette médaille est la pensée positive, la prière simple et sincère d'un parent pour son enfant. C'est la plus simple mais la plus utile façon d'aider votre enfant.

La prière pour votre enfant peut être la pierre de fondement pour le début de chaque jour. Ne pensez pas que vous commencerez à lire des livres de prières. La prière *simple*, *claire* et *concise*, comme vous le sentez, dans votre cœur, pour votre enfant, peut être plus efficace que la multitude de prières apprises par cœur.

La prière protège votre enfant et vous aide aussi, vous, à vous débarrasser des peurs et des craintes que vous avez en tant que parent. La prière réunit vos énergies et elle peut recréer un lien qui, au niveau réel, de la communication verbale, peut être brisée.

Il faut préciser quelques aspects reliés aux prières.

1. *La façon de prier* est importante.

Si vous avez une longue liste des choses que vous voulez dans votre vie et celle de votre enfant, il faut choisir. Si votre prière ressemble à une longue liste d'achats, il est peu probable qu'elle soit exaucée. Une longue liste de désirs prouve, d'un côté, que vous n'êtes pas capable d'établir vos priorités et vous provoque un manque de confort qui peut être compris ou non. De l'autre côté, pour plusieurs désirs on applique le proverbe : « Qui court après deux lièvres à la fois, n'en attrape aucun ». Il faut mentionner que votre énergie est limitée. Si vous l'investissez en quatre désirs, à chacun sera distribuée une partie de votre énergie. Mais, si vous choisissez la chose la plus importante pour vous, elle bénéficiera de toute votre énergie, qui ne devra pas se briser en morceaux.

Premièrement, il faut savoir *clairement* ce que vous désirez le plus, que ce soit pour vous ou pour votre enfant. Ensuite, il faut que vous exprimiez cela dans une manière très *simple*. Le fait de s'esquiver n'a jamais servi à personne, seulement ça a retardé les choses. Et, je ne crois pas que vous vouliez perdre le temps lorsqu'il s'agit de prier pour votre enfant. Au lieu de débiter des sollicitations pour votre enfant, il est mieux de dire en quelques mots simples ce que vous souhaitez pour lui. Et nous voilà devant la troisième qualité d'une prière : qu'elle soit *concise*.

Si vous êtes accoutumés avec les prières des livres saints, essayez pour une fois *la prière simple, claire* et *concise* et vous sentirez sa force.

2. Il est très important de *sentir* pour quoi vous priez. Si votre prière est restée seulement au niveau mental, intellectuel, ce n'est pas suffisant. Vous devez former un tout avec votre désir, être votre désir, sentir son accomplissement. Si vous réussissez à réaliser cela vous sentirez pleinement la bénédiction de Dieu.

3. Avoir la *foi*. C'est-à-dire être convaincu que Dieu Se trouve à côté de vous et Il vous entend. Et qu'Il trouvera une manière de vous aider. Peut-être ne sera-t-elle la manière que vous attendez, mais elle sera certainement efficace. Par conséquent, si vous

sentez un surplus de foi, vous pourrez dire la prière comme une gratitude : « Dieu, merci de prendre soin de mon fils ».

Il est important comment vous priez pour votre enfant, ce que vous sentez à ce moment-là et la foi que vous avez.

Certainement, plusieurs choses peuvent être dites sur la prière. Il ne faut pas prier pour quelque chose qui apporte un préjudice à quelqu'un. Il est possible que la chose pour laquelle vous priez ne se réalise pas, car si elle se réalisait, elle vous provoquerait du mal.

La prière est une bonne chose. Elle est amour. Elle est consolation. Nous pouvons l'utiliser au besoin ou nous pouvons l'intégrer dans notre être. Nous avons beaucoup d'habitudes dont nous avons honte. Pourquoi refuser une habitude qui peut nous apporter de la beauté dans la vie ? Vous n'avez pas besoin de temps pour prier. Il faut seulement canaliser vos pensées vers une certaine direction. Je sais que ce n'est pas la chose la plus facile. Nous avons beaucoup de pensées qui fourmillent dans notre tête et qui nous laissent sans énergie. À l'aide de la prière, vous pouvez rassembler toutes les pensées dans une seule pensée et jouir de la paix reçue. Vous pouvez créer un cercle d'énergie bénéfique au milieu duquel c'est vous et votre enfant.

> **Vous devez former un tout avec votre désir, être votre désir, sentir son accomplissement.**

Les valeurs

Les gens ont besoin de valeurs. Sans elles, ils se situeront à un niveau animalesque. C'est la conscience de soi qui génère ce besoin, sans elle l'homme ne pourrait pas faire une distinction entre les bonnes actions et les mauvaises actions. Les valeurs rendent notre vie belle, elles nous aident à définir notre identité et à acquérir l'estime de soi.

Lorsque nous sommes enfants nous prenons les valeurs de nos parents. Comme ils sont les plus proches de nous, leur monde est notre univers, d'où nous absorbons tout, en essayant de définir notre personnalité par rapport à eux. Lorsque vous êtes enfant, l'univers des parents est le repère moral et esthétique auquel vous vous rapportez. Beaucoup de valeurs qui vous ont entouré pendant l'enfance s'infiltrent profondément dans votre personnalité et vous poussent pour toute la vie envers une certaine direction.

Les valeurs que nous portons et sur lesquelles nous fondons notre existence ne nous sont pas indifférentes. Elles ne sont pas neutres par rapport à nous. Elles influencent toutes nos actions, notre façon de penser et, finalement, nos sentiments. On peut affirmer que la route vers le bonheur est pavée de nos valeurs.

Les valeurs sont transmises de génération en génération et elles éclairent notre vie quel que soit notre âge. L'absence des valeurs signifie le manque d'un point d'équilibre et d'appui dans le contexte de la recherche de l'identité, elle signifie une vie pleine d'inquiétudes et d'insatisfactions. Sans elles l'être humain ne pourrait pas s'épanouir et atteindre son potentiel. Il y a des valeurs sans lesquelles l'homme ne pourrait pas vivre avec dignité et estime de soi.

Je veux parler des valeurs qui sont vues dans la perspective du bénéficiaire individuel et non pas de celui collectif. Le bien collectif vient de soi si chaque individu est heureux.

1. La simplicité. C'est une valeur que moi personnellement j'apprécie et j'aime beaucoup. Si les gens renonçaient au poids des choses inutiles, à partir des biens matériels inutiles, accumulés juste à la suite d'une dépendance psychologique et non pas de leur utilité, jusqu'à s'inquiéter à cause des choses non essentielles pour leur existence, la vie leur semblerait bien différente.

Beaucoup de choses générées par le moteur d'une société de consommation accablent inutilement nos vies. À cause de la façade nous ne réussissons plus à voir les choses essentielles. Et notre vie devient de plus en plus lourde chaque jour, au fur et à mesure que de nouveaux produits apparaissent sur le marché, de plus en plus modernes, que nous désirons et dont nous n'avons pas toujours besoin, mais pour lesquels nous sommes prêts à sacrifier ce que nous avons de plus important : notre temps, respectivement notre vie.

Nous vivons la vie au grand galop, oubliant d'apprécier les choses simples qui constituent, en fait, l'essence d'une vie pleinement vécue.

Profitez avec votre enfant d'une promenade dans la nature, inspirez avec lui avidement l'air enivrant du printemps, admirez avec lui les étoiles, vivez le bonheur d'être dans sa compagnie ; ce seront les moments chéris par son âme, dont il se souviendra plus tard et qu'il revivra plusieurs fois.

Vous pouvez faire beaucoup des choses pour avoir des moments de bonheur simples. Vous pouvez renoncer à une deuxième télé pour avoir une excursion à la montagne ; vous pouvez renoncer à un dîner fastueux pour avoir un repas simple, mais plein de bonheur. Si pendant un repas riche votre attention se concentre seulement sur les plats exquis que vous mangez, pendant un repas simple vous pouvez vous concentrer sur la joie d'être ensemble et de dîner en famille.

Lorsque je parle de la simplicité, je fais référence à une vie modérée dans le contexte d'une société inclinée vers une consommation qui dépasse ses besoins et je ne fais pas référence à la pauvreté. Il est difficile de se réjouir d'un dîner simple lorsqu'on vit dans une pauvreté absolue. Je parle ici de la simplicité comme état d'équilibre, comme une balance entre l'abondance pour le plaisir de l'abondance et la modération pour le plaisir d'une vie saine et accomplie.

La simplicité nous rapproche de l'essence de la vie et de la joie de vivre. Une communication simple et directe atteint son but plus rapidement qu'aucune autre expression compliquée et pompeuse. La vraie communication signifie que votre message passe et soit compris par celui auquel il est adressé.

Il y a beaucoup d'enfants pour qui Noël signifie Coca-Cola ou qui associent cette fête à un grand festin. En fait, pas seulement pour les enfants, mais aussi pour les adultes Noël est devenu un grand *party* et une occasion de gourmandise. Je ne nie pas la saveur des plats faits à la maison, mais au-delà de cela les aspects spirituels essentiels de cette fête perdent leur valeur : la communion avec les autres, le pardon des péchés, car nous tous avons fait des péchés, et le bonheur d'être avec la famille et de faire des choses ensemble. La grande joie vient au moment où tous les membres d'une famille participent et s'impliquent dans les activités de préparer cette fête. Pour beaucoup de familles cette fête est devenue une corvée pour la maîtresse de la maison, et pas seulement pour elle, principalement à cause du fait que nous ne nous sentons pas comme les autres sans avoir sur la table deux ou trois plats. Il y a la tendance de mettre sur la table une dizaine de plats, ce qui devient un moment de fierté que nous « avons beaucoup de plats sur la table » et que « rien ne manque ». Petit à petit, les traditions spirituelles disparaissent et les excès culinaires sont payés par des kilos supplémentaires, le manque de confort et même par une santé ébranlée.

En vivant les bonheurs simples auprès de votre enfant, il ne pourra jamais rater de sentir le frisson qu'ils dégagent. Il ne pourra pas les ignorer. De ces expériences il trouvera la force de continuer son chemin.

2. L'honnêteté. L'honnêteté commence avec vous-même. Personne ne peut être honnête avec les autres s'il ne l'est pas avec lui-même.

Être honnête signifie employer la même mesure dans votre jugement et celui des autres. Cela signifie se détacher de son propre intérêt et se situer au-dessus de lui.

L'honnêteté apporte, premièrement, le confort intérieur, l'équilibre et la paix de l'esprit. Deuxièmement, tous les gens sans exception désirent que les autres soient corrects avec eux. Ils désirent des relations correctes, surtout une relation honnête de couple et un enfant qui dise la vérité. La question est : vous pouvez être traité correctement si vous-même n'êtes pas correct ?

Il y a bien des années j'ai assisté à une discussion entre une jeune mère et sa fille. La mère encourageait sa fille adolescente de profiter financièrement des relations avec les garçons, au sens de sortir en ville avec eux et de s'amuser à leurs dépenses et, ensuite, les abandonner. Je me suis demandée quelles attentes aurait cette fille de son partenaire de vie ? Elle voudra probablement être traitée correctement, tandis que la liste des actions qui manquent d'honnêteté sera effacée de sa mémoire par les justifications que nous tous trouvons lorsqu'il s'agit de notre propre comportement.

Si vous attendez que les autres soient honnêtes avec vous, regardez bien au tréfonds de votre âme et voyez si vous offrez ce que vous attendez des autres.

Vous ne pouvez pas désirer une belle vie et en même temps mettre à son fondement le mensonge et la simulation. Parce que la vie ne fonctionne pas comme ça. La vie a ses propres lois immuables et, même si vous le souhaitez, ce n'est pas vous qui faites ces lois. Vous êtes seulement celui qui subit leur action.

Les parents tendent à mettre le bien de leur enfant au-dessus du bien des autres. Mais le bien de votre enfant ne peut être séparé du bien des autres qu'en apparence. Si vous, en tant que parent, l'orientez, volontairement ou non, envers un profit personnel mais au détriment des autres, vous l'orientez sur un chemin où il ne sera jamais vraiment heureux. Car la relation où je gagne et vous perdez ne représente qu'un faux profit. Si nous voulons particulariser cet aspect et faire référence à la relation de couple, car c'est là que la plupart des gens cherchent le bonheur, pensez bien et dites si vous avez jamais vu une personne heureuse au côté d'une personne malheureuse.

L'honnêteté est la base de la pyramide de valeurs. Vous pouvez bien aimer beaucoup de valeurs, mais si la base a des fissures, tout sera ébranlé de temps en temps et va se réorganiser jusqu'à ce que vous soyez disposé à reconnaître vous-même la vérité.

L'enfant apprend de son parent à être correct et de bonne foi. Le parent est son premier modèle. Certes, ultérieurement viennent les modèles de l'école, de la vie, du groupe d'amis. Mais il y a un fondement solide sur lequel tous ces modèles siègent et c'est le fondement construit par vous.

3. La compassion. C'est le sentiment le plus beau et le plus complexe qui peut apporter de la chaleur dans l'âme d'une personne. La complexité résulte de la compréhension de l'autre, de sa situation et de ses sentiments, de la sincérité sans laquelle ce sentiment n'existerait pas, de l'amour, mais aussi du geste d'affection proprement dit. Ce geste peut être une caresse, une action charitable ou bien un mot gentil. N'importe quel petit geste qui montre à celui qui souffre qu'il n'est pas seul.

La compassion vécue et manifestée avec sincérité est comme une flamme qui réchauffe l'âme, c'est une flamme qui ne brûle pas, mais vous protège des choses négatives dans votre vie. Quelque fâché que vous soyez, la manifestation d'un acte de compassion équilibre votre âme. Lorsque vous offrez quelque chose de tout votre cœur, la frontière entre vous et l'autre personne disparaît, vous sentez la souffrance de l'autrui et, en même temps, vous sentez l'effet de votre amour envers l'autre sous la forme d'un sentiment de béatitude qui réchauffe votre cœur.

Il y a des gens dont la présence vous fait vous sentir magnifiquement, juste parce que vous voyez dans leurs yeux qu'ils vous comprennent, qu'ils comprennent votre souffrance. Et cela suffit.

La compassion est un sentiment, mais aussi une valeur, qui provient de notre intérieur, mais qui a aussi besoin d'être plantée là et ensuite, soignée. L'éducation offerte par les parents et par l'école est très importante pour l'enracinement de cette valeur.

Quand j'étais à l'école primaire, l'institutrice a initié une action charitable au profit d'une vieille femme qui vivait toute seule près de l'école et qui avait des possibilités financières très réduites. Chaque enfant apportait de chez lui quelque chose : du sucre, de l'huile, de la farine, n'importe quoi était bien venu. Cette action s'est répétée plusieurs fois. Comme j'étais enfant, je ne comprenais pas combien signifiait ce soutien pour cette personne âgée et je sentais même un malaise devant l'odeur de sa vieille maison. Et pourtant, cette action-là a eu un écho si intense au fils de années que je crois que c'était l'une des graines dont a germé en moi le sentiment de compassion.

Beaucoup de choses passées pendant mon enfance ont agi de cette manière. Je pense à ma passion pour le jardinage et tout ce que la nature signifie et je regarde dans le passé, je vois toutes les actions qui m'ont inspirée : ma vieille tante qui habitait près de nous et qui s'occupait, du matin jusqu'au soir, de son jardin et dont les fleurs et les odeurs enchantaient mes sens chaque jour, l'arbre planté dans la cour de l'école pendant une action de protection de la nature, la joie de mon père lorsque nous arrivions dans notre jardin, un endroit sur un étang où je me sentais comme au paradis...

Je n'avais aucune idée à ce moment-là que ma tante, très fatiguée, et son jardin m'influenceraient autant. Maintenant, si je ferme mes yeux, je me souviens de la place de chaque fleur dans son jardin et cela m'aide à me rendre compte combien elle était importante pour moi.

L'enfance c'est comme la terre au printemps. Vous plantez, vous plantez, mais seulement après avoir cueilli la récolte vous savez si les graines ont été bonnes, si elles correspondaient à la terre et si elles ont eu assez d'eau et de soleil.

Le sentiment de la compassion se cultive. L'enfant voit ses parents soigner le grand-père qui est malade, protéger un petit chien dans la rue et l'emmener au refuge, aider un voisin en besoin ou encourager un camarade de travail. L'enfant s'approprie tous ces comportements, ces émotions et lorsque le moment sera propice il les manifestera.

Certes, il est important pour les parents d'avoir ce comportement en permanence et pas de temps en temps, pour que ce sentiment naisse dans l'âme de l'enfant.

La compassion est une valeur bénéfique pour la société aussi, à travers ses effets, mais au niveau individuel le bénéfice est plus grand parce que l'individu est celui qui jouit de cette émotion.

Au fil du temps, j'ai observé une réaction assez large de rejection de ce sentiment chez beaucoup de gens qui souffraient : « n'ayez pas pitié de moi ! » - et il y a quelques choses à dire à cet égard.

Si vous aidez quelqu'un avec un sentiment d'arrogance et, de la hauteur de votre situation, vous daignez regarder vers celui en détresse, on ne parle plus de compassion.

De plus, beaucoup de gens rejettent l'aide à cause de l'orgueil, ce qui est plus que stupide : ayant besoin d'aide, ayant la possibilité d'être aidé vous rejetez l'aide juste parce que votre ego ne vous le permet pas, parce que dans votre tête vous pensez que, si vous êtes aidé, cela signifie que vous êtes inférieur à l'autrui.

L'entraide est une action normale au moment où vous offrez et aussi au moment où vous recevez. L'orgueil n'a rien à voir ici, pour ne pas dire que sa place n'est vraiment nulle part.

Lorsque vous avez un besoin ou seulement un problème difficile à résoudre tout seul c'est formidable de voir quelqu'un qui vous aide sans intérêt, tout simplement parce qu'il comprend votre besoin.

4. L'estime de soi. Avec chaque chose que vous imposez à votre enfant, simplement parce qu'il est petit ou parce qu'à ce moment-là vous êtes puissant, vous ébranlez son estime de soi. Vous manifestez un manque de respect envers son être et envers sa capacité de comprendre les choses si vous lui offrez une éducation par l'intermédiaire de la force et de l'autorité. Dans notre société, ce type d'éducation est très fréquent parmi les parents.

L'enfant apprend l'estime de soi par l'attitude de ses parents envers lui. Ils représentent ses repères initiaux.

L'estime de soi est un pion important dans l'évolution de la personnalité de l'enfant. Selon la dose de cette estime, d'autres traits de la personnalité prennent contour, et l'enfant, l'adulte de plus tard, sera poussé à agir dans une direction ou une autre. C'est de son estime de soi que dépendra aussi la confiance dans sa capacité de réaliser les choses qu'il veut, d'avoir l'emploi qui lui plaît, une relation belle et durable etc.

Notre vie entière gravite autour de l'estime de soi : notre tranquillité intérieure, la confiance que nous pouvons accomplir certaines choses, notre vision optimiste ou pessimiste sur la vie.

L'estime de soi est un guide sur notre chemin spirituel et matériel. C'est le point central autour duquel nous tissons notre propre vie. Là se trouve notre conviction que nous méritons d'être heureux ou non. Certes, elle évolue au cours de notre vie en fonction de nos actions et de leur résultat. Son point de départ se trouve dans l'attitude des parents envers nous, au début de notre vie. C'est à ce moment là que se forme cette colonne vertébrale qui pourra ultérieurement soutenir ou non les muscles.

La confiance des parents dans notre capacité de comprendre et de faire les choses, la modalité par laquelle ils corrigent nos erreurs ou nous déterminent à faire les choses qu'ils considèrent bonnes, représentent le point de départ de notre estime de soi.

Le manque d'estime de soi peut conduire à des actions autodestructrices, à des complexes d'infériorité, au manque de confiance en soi, à une pensée ancrée dès le début sur une route négativiste.

Il est difficile à croire que quelqu'un qui n'a pas de respect envers soi-même puisse respecter quelqu'un d'autre. Le respect envers les autres, comme l'amour envers eux, c'est le miroir de l'estime de soi. Plus l'estime de soi est forte et saine, plus grande est la capacité de respecter les autres.

Vous êtes tenté, certainement, à penser aux situations où vous ne pouvez pas arriver à un point commun avec le petit enfant et, plus ou moins, vous devez lui imposer certaines choses comme, par exemple, l'heure d'aller se coucher. Je reviens maintenant à ce que j'ai dit dans le chapitre sur la discipline. Vous pouvez convaincre un petit enfant à faire ce que vous voulez de plusieurs façons. Après l'avoir laissé jouer une heure de plus parce qu'il ne veut pas aller se coucher, vous pouvez le prendre par la force et le jeter au lit en criant : « ça y est, je ne peux plus. Ça suffit. Dors maintenant ! ». Et toute l'action devient traumatique pour les deux. Ou bien vous pouvez lui dire clairement, dès le moment où vous décidez de lui permettre de jouer pour une autre heure : « Je t'accorde encore une heure pour jouer. Après, on va se coucher. » Le fait de lui montrer de la compréhension signifie beaucoup pour un enfant. Même cinq minutes supplémentaires de jeu peuvent le rendre heureux. Et le fait que vous irez ensemble vous coucher, le fait que vous participez aussi à quelque chose qui est imposée l'aide à dépasser le moment critique. Si nous faisons cela sans pitié, sans respecter ses désirs, si nous nous imposons seulement parce que nous sommes adultes, et lui – l'enfant dont le devoir est d'obéir, alors la circonstance devient traumatique et l'estime de soi de l'enfant se réduit considérablement.

Ceci est seulement un exemple. Les situations où les parents imposent leurs points de vue sont nombreuses. Nous avons la tendance de décider ce qui est bien pour eux et d'imposer notre point de vue. Parfois, certains parents font cela même au moment où leurs enfants sont déjà devenus adultes. Ils font appel à un chantage psychologique et moral qu'ils ont exploité toujours : « si tu épouses X, je ne te parlerai plus jamais ! ». Il n'y a aucune horreur plus grande que de mettre votre enfant à faire un tel choix, le choix entre son devoir envers vous, celui qui l'a éduqué, et son bonheur, comme il l'aperçoit à ce moment-là.

5. La tolérance. Nous avons discuté en détail sur la tolérance dans le chapitre sur le pardon. Je ne vais pas reprendre ce que j'ai dit là, mais je ne veux pas omettre cette grande valeur humaine parmi les valeurs qui doivent être cultivées premièrement pour le bénéfice individuel et, ensuite, social.

La tolérance est une mesure de l'amour, une mesure du dévouement, de la compréhension de notre humanité. La tolérance montre notre compréhension vis-à-vis des gens qui sont différents ; qui pensent, perçoivent et agissent différemment sans que cela signifie que ce que nous pensons ou ce qu'ils pensent soit erroné. La tolérance est un large sourire intérieur qui vous aide à apprécier les gens tels qu'ils sont, avec les bons et les mauvais côtés.

Par l'encouragement de cette valeur dans votre enfant, vous lui offrez la joie de la vie, la joie de déguster tout ce que la vie peut lui offrir de beau.

La tolérance est un large sourire intérieur qui vous aide à apprécier les gens tels qu'ils sont.

6. L'amour. L'amour ne signifie pas seulement l'amour envers les parents, l'enfant, le partenaire ou envers tout ce qui a une liaison étroite avec nous. L'amour est un état d'esprit. C'est l'état où nous nous sentons purs, intouchables, illuminés par la grâce divine. C'est l'état où nous n'avons besoin de rien de notre extérieur, mais seulement garder la lumière qui inonde notre âme. Dans cet état de grâce nous nous sentons équilibrés spirituellement, forts grâce à la force intérieure et bons, capables d'offrir à ceux qui nous entourent une partie de notre richesse.

Éduquer votre enfant dans l'esprit de l'amour signifie allumer le feu qui illuminera toute sa vie. Tout geste d'amour et de dévouement qu'il offrira à quelqu'un, aura un effet amplifié sur lui-même, rayonnant dans son âme l'harmonie et la joie de la vie.

Si vous avez des doutes concernant cet aspect, regardez attentivement le visage des gens qui offrent n'importe quoi : un sourire, un geste, une chose matérielle sans avoir un intérêt personnel là dessus. Regardez-les attentivement et vous verrez comment leur visage est inondé d'une lumière spéciale et comment leur être devient une source de joie et d'accomplissement.

Quelque fatigués ou fâchés que nous soyons, nous trouvons toujours l'équilibre dans un geste d'amour. Car ceci est un état normal de notre âme, vers lequel nous aspirons, que nous nous en rendions compte ou non.

L'amour est le guérisseur le plus grand de notre âme. Pour tout problème spirituel que vous avez, l'amour en est le remède. Et toute souffrance physique peut être dépassée plus facilement lorsque vous êtes entouré par l'amour.

L'amour existe en nous comme condition de notre existence. Les expériences qui nous accablent et les conditions sociales tendent à le couvrir. Votre devoir de parent est de protéger à l'intérieur de votre enfant le grain de l'amour et de lui offrir les conditions pour qu'il grandisse et s'épanouisse. Car aucune personne, aucun être humain ne se sentira accompli sans que ce grain porte des fruits en elle.

L'amour est le guérisseur le plus grand de notre âme.

Ne confondez pas le succès d'une personne avec sentiment d'accomplissement. Oui, vous pouvez avoir le sentiment d'accomplissement lorsque vous avez un succès, mais ensuite vous avez besoin de plusieurs moments comme cela. On parle ici de l'accomplissement de l'âme et non pas de celui intellectuel ou personnel.

L'amour se manifeste par tous vos gestes. Lorsque vous plantez une fleur ou vous attendez sans crier qu'une vieille personne traverse la rue. L'amour est aussi le moment où vous ne vous précipitez pas à critiquer votre collègue parce qu'il a une autre manière de faire les choses et aussi lorsque vous contemplez un paysage qui enchante votre cœur.

Peut-être il y a des gens qui ne comprennent pas cette émotion parce qu'ils ne l'ont pas expérimentée, parce qu'ils ne l'ont jamais vue autour d'eux… il n'y a pas de faute là. L'expérience de l'amour peut commencer par un simple geste : offrez quelque chose à une personne qui en a besoin, sans que vous ayez quelque chose à gagner ; vous allez voir comment la joie de l'autre inondera votre âme aussi ;

essayez d'être plus gentil avec les autres, sans exagérer et vous allez voir que, premièrement, vous vous sentirez mieux.

Si vous éduquez votre enfant à l'école de l'amour, vous lui épargnez beaucoup de mauvaises choses.

- Il sera moins tenté de juger les autres et occuper sa tête et son âme avec ça et ainsi il aura beaucoup d'énergie à investir dans des choses vraiment créatives. Comme je viens de le dire, notre énergie a des limites. Nous pouvons l'utiliser pour des pensées et des actions qui tourmentent notre âme et notre corps ou bien nous pouvons l'utiliser pour faire des choses positives, bénéfiques pour notre vie et celle des autres.

- Il éprouvera une liberté intérieure plus grande, car le plus souvent cette liberté est clôturée par les propres pensées, jugements de valeur et convictions. « Personne ne peut vous faire sentir inférieur sans votre consentement », disait Eleanor Roosevelt. Lorsque l'homme apprend la leçon de l'amour, il est au-dessus de toutes les choses et rien ne peut le toucher. Plus votre amour est grand, plus les convictions et les jugements qui restreignent votre liberté diminuent et perdent leur force. Imaginez deux combattants sur un endroit bien limité. L'endroit c'est vous, votre tête et votre cœur. Lorsque l'amour fait un pas en avant, tous les maux reculent. Si vous permettez au feu de l'amour de s'éteindre, toutes les peurs et les mauvaises pensées envahiront et tourmenteront votre âme. La vraie liberté est celle intérieure et elle se traduit, à la fin, par un état de bien-être, de quiétude et d'amour.

- Il vivra et il goûtera à toutes les choses merveilleuses qui peuvent être expérimentées au cours de cette vie. Il saura apprécier ses propres créations, mais aussi les créations de l'univers. Le monde et la vie lui apparaîtront dans toute leur beauté.

6. Les péchés qui n'épargnent personne

La peur

Vous n'échapperez pas à ce qui vous fait peur

La peur, sous toutes ses formes, ancestrale, généralisée, la peur de l'avenir, de ce que les autres ont expérimenté, de la pauvreté, de la mort et même de la vie, la peur en général est un des plus grands ennemis de l'homme.

Les dirigeants politiques totalitaires ou extrémistes ont toujours gouverné par la peur, en plantant en profondeur de notre être la peur de faire tout ce qui pourrait être contesté par le système ; de même, les dirigeants religieux se sont servis de la peur en nous inspirant la peur de Dieu.

La vie vécue sous l'empire de la peur nous éloigne de nous-mêmes et de la possibilité de vivre notre vie avec joie. La peur nous fait agir autrement que nous le sentons et nous empêche d'agir selon notre vraie nature. Pour ne pas être mal compris, les gens agissent souvent contre leur gré ; par exemple, ils renoncent à aider un vieil homme qui a des difficultés à traverser la rue, de peur que cette chose ne soit perçue comme une faiblesse, ou comme quelque chose d'enfantin ou hilarant, parce que personne ne fait plus ces gestes en fait et, dans ce contexte, le geste peut paraître stupide.

La peur nous fait prendre des décisions erronées, comme le fait d'épouser une personne seulement pour éliminer l'incertitude de l'avenir et, de cette façon, ceux qui agissent ainsi se condamnent à une vie de cauchemar.

La peur, quelle que soit sa forme, nous rend incapables de jouir de la vie, même s'il n'y a pas de dangers imminents ; elle nous rapproche plutôt des choses qui nous font peur, car plus nous voulons nous en débarrasser, plus elles nous rattrapent.

Un proverbe dit que vous n'échapperez pas à ce qui vous fait peur, vous avez sûrement entendu cela plusieurs fois. C'est d'ailleurs quelque chose que nous avons tous ressenti dans une circonstance ou une autre : plus nous avons peur d'une chose, plus il est probable que cette chose-là se manifeste dans notre vie. Et nous revenons aux pensées qui créent notre vie.

Si vous craignez une maladie, il y a une forte probabilité qu'elle survienne dans votre vie. Si vous craignez que votre partenaire vous trompe, il finira par le faire. Si vous voulez arriver au travail une heure plus tard pour résoudre quelques problèmes personnels et que vous craigniez que votre patron l'observe, il y a une grande probabilité de le rencontrer, bien que des jours entiers passent sans que vous vous voyiez.

Une vie vécue sous l'empire de la peur finit par nous dominer. Ce n'est plus nous qui gérons notre vie, mais la peur. Nous prenons la plupart des décisions au nom de la peur, au lieu de manifester notre unicité.

On ne peut plus être spontané, car la peur nous paralyse. La domination de la peur a des répercussions au niveau des aspects les plus profonds de votre vie.

Une vie vécue sous l'empire de la peur finit par nous dominer.

La peur peut prendre plusieurs formes. Il est normal d'avoir peur dans une situation où vous êtes effectivement en danger. Si un soir, lorsque vous revenez chez vous, vous êtes attaqué par une bande de voyous dans la rue, la peur vous aide à mobiliser vos ressources et à faire quelque chose pour vous protéger : crier au secours, courir, se battre, etc.

Certes, si elle est manifestée dans des limites normales, la peur peut apporter aussi des bénéfices : ceux de vous mettre en garde dans des situations potentiellement dangereuses et de mobiliser vos ressources pour vous sauver.

Mais ce n'est pas ça la peur qui détruit nos vies. La plupart du temps il s'agit d'une peur sans objet, que nous appelons anxiété ou une peur disproportionnée par rapport à l'objet qui l'a générée.

Nous percevons la réalité environnante à travers les émotions que nous vivons.

Si nous vivons en permanence dans un état général de peur ou bien si nous sommes optimistes, alors nous changerons la réalité à travers nos émotions.

Si, par exemple, vous allez à un examen et vous pensez que, si vous ne le passez pas, vous aurez honte devant vos amis ou simplement vous n'avez pas de confiance en vos capacités de le passer, alors il est possible de ne pas le passer, cet examen. Soit la mémoire vous jouera des tours, soit vous ne pourrez pas vous souvenir des informations apprises, soit vous serez si perturbé par ces préoccupations que vous ne serez pas capable de vous concentrer à l'examen.

Vous avez probablement rencontré des gens qui ne travaillent pas beaucoup, mais qui vont à l'examen « au hasard », pensant que le pire qui puisse leur arriver c'est d'échouer et, voilà, ils le passent. Et vous, vous avez étudié jour et nuit et vous avez échoué à l'examen, tandis que le collègue, avec une nonchalance dont vous ne serez jamais capable, il l'a passé, cet examen.

L'anxiété est la forme de peur la plus souvent rencontrée dans la société, qui peut être vécue à de diverses intensités et qui peut provoquer de véritables ravages dans la vie intérieure d'une personne.

D'une manière générale, elle est en relation avec le social, avec les relations sociales, avec l'image que l'on a de soi et avec la manière dont nous sommes perçus par les autres. Au-delà des facteurs génétiques, le milieu où l'enfant grandit, ainsi que l'attitude et les comportements des parents peuvent créer un fondement pour la manifestation de l'anxiété dans la vie d'une personne. Un milieu solide où l'enfant reçoit l'amour et la protection nécessaires, le protège des peurs sans objet. La sécurité émotionnelle et physique de l'enfant l'aident à aborder la vie avec confiance et optimisme. Et lorsqu'on aborde la vie avec confiance, elle répond conformément à la confiance accordée.

> **Lorsqu'on aborde la vie avec confiance, elle répond conformément à la confiance accordée.**

D'autre part, trop de protection peut nuire. Un milieu hyper protecteur empêche l'enfant d'avoir confiance en lui et en ses capacités de résoudre les problèmes. Si, par exemple, un parent craintif accompagne son enfant à l'école jusqu'à l'âge de l'adolescence de peur qu'il ne lui arrive quoi que ce soit, alors l'enfant développera sera méfiant par rapport à lui et à ses capacités de se débrouiller dans de diverses situations. De plus, il pourra développer une forte dépendance à l'égard parents, ce qui pourra se transformer plus tard en une dépendance à l'égard d'une autre personne. Ne protégez pas votre enfant plus qu'il n'en a besoin. Il doit sentir qu'il est aimé, protégé, mais il doit sentir aussi qu'il peut se débrouiller devant les défis de la vie conformément à son âge.

Il est par exemple difficile à dire à quel âge un enfant peut commencer à aller tout seul à l'école. Tout dépend de la personnalité de l'enfant, de la distance entre la maison et l'école, de combien de moyens de transport il devra échanger pour y arriver, de la sécurité des quartiers qu'il doit traverser etc.

Par conséquent, les décisions sont prises en fonction du contexte. Si vous envoyez l'enfant tout seul à l'école plus tôt que nécessaire, disons qu'il est à l'école maternelle et il doit parcourir une longue route, alors vous pouvez le traumatiser. Si vous l'accompagnez à l'école jusqu'à ses 15 ans, alors vous pouvez certainement le complexer et le faire devenir dépendant de vous.

Ces choses sont très délicates et, si vous vous sentez accablé, vous pouvez demander conseil à un professionnel. Un psychologue peut vous aider à prendre une décision. Mais, vous pouvez plus facilement tâtonner le territoire et expérimenter. Premièrement, vous pouvez avancer l'idée à l'enfant et observer sa réaction. Vous pouvez avoir la surprise qu'il soit enchanté d'aller à l'école tout seul ou avec un copain. Ou bien vous pouvez renoncer à l'attendre à la fin du programme scolaire devant l'école et seulement l'attendre quelque part en route. Comme ça il fera tout seul le premier pas, sachant que vous n'êtes pas loin. Ce sera une vraie aventure pour lui.

Beaucoup de parents menacent leur petit enfant, même à notre époque, avec « boo boo » ou « le dragon te mangera si tu n'es pas sage » ou d'autres personnages qui lui font peur. Et tout cela pour le forcer à faire quelque chose qu'il ne veut pas faire. Les parents fatigués ou tracassés font maintes fois appel à une contrainte pour obtenir l'obéissance de leur enfant. Mais les effets de la contrainte sont dévastateurs au niveau psychologique. Obtenir quelque chose de ton enfant par la force ou par la peur signifie ouvrir vous-mêmes la porte à ses futures inquiétudes. C'est vrai, il n'est pas facile d'obtenir de lui ce que vous voulez, surtout lorsqu'il s'agit de son bien-être, quand il s'entête plus qu'une mule. Vous devez bien analyser la situation afin de trouver une solution. Vous pouvez essayer de lui supprimer un caprice de sa liste – vous trouverez certainement la solution.

On dit que la peur donne naissance aux monstres. Ces monstres trouvent un abri en nous, dévorant notre paix intérieure et limitant notre expression personnelle.

Ne introduisez pas la peur dans l'âme de votre enfant afin de sécuriser sa vie entière (ou de contrôler sa vie). Apprenez-lui la façon de se protéger lui-même des dangers éventuels. Il vaut mieux lui apprendre cela plutôt que de semer la peur en lui.

La façon la plus efficace de combattre ses peurs et ses inquiétudes est de se réjouir de la vie en sa compagnie. La joie et la gaîté combattent les peurs qui tendent à se cacher dans l'âme de l'enfant.

Soyez attentif aux choses que vous dites en sa présence, aux histoires racontées en sa présence et dont la fin dramatique peut enflammer son imagination et sa peur.

N'usez pas des peurs de l'enfant pour le contrôler ou pour manipuler ses émotions. Des affirmations du genre : « Si je meurs vous serez totalement perdus ! », prononcées par un parent désireux d'obtenir plus d'appréciation de la part des autres, n'apportent de bénéfices à personne, ni même à celui qui les prononce. La capacité de l'enfant d'imaginer, de visualiser est plus grande que celle de l'adulte. Pour lui le mot se traduit plus rapidement en une image et l'imagination peut travailler sans limites.

Si tout cela ne vous a pas convaincu, faites un inventaire de toutes vos peurs et vos angoisses. Ecrives-le sur une feuille de papier et, ensuite, imaginez comment sera votre vie sans elles. Sentez-vous la libération ? Sentez-vous la beauté de la vie et toutes les choses de la vie que vous voyez, vous sentez, vous entendez et vous goûtez?

La plupart des peurs sont liées à des événements potentiels, des choses que nous craignons dans un avenir plus ou moins éloigné. Les choses que nous craignons sont dans l'avenir, nous n'en sommes pas sûrs, mais la peur ressentie est à présent. Et, en fait, nous vivons à présent, à travers la peur, toutes ces choses qui ne se sont pas encore produites dans notre vie. Et d'une façon ou d'une autre, par la pensée ou par l'action, nous les attirons dans notre vie. D'où le proverbe : « vous n'échapperez pas à ce qui vous fait peur ».

N'effrayez pas l'enfant afin de le contrôler ou de manipuler ses émotions.

S'il y a des événements concrets dont vous voulez éloigner votre enfant, comme par exemple, un tremblement de terre, des voleurs, des agresseurs, la maladie, le danger de se blesser s'il tombe de la hauteur etc., alors apprenez-lui les modalités par lesquelles il peut se protéger de ces événements. Car vous ne pourrez certainement pas contrôler les événements. Et faites cela d'une façon qui le fera se sentir en sécurité parce qu'il connaît toutes ces choses et non pas effrayé de ce qui puisse lui arriver.

La colère

Nous rencontrons toujours des gens furieux. Dans la rue, au travail, parmi les amis, en famille et – pourquoi ne pas admettre ? – chacun d'entre nous a éprouvé ce sentiment.

La colère vient avec une charge émotionnelle qui vous brûle à l'intérieur, c'est comme un volcan qui, une fois qu'il a commencé à entrer en éruption, ne peut plus être arrêté et personne ne sait quand il va s'arrêter. La colère obscurcit votre jugement, détruit toute trace de raison et de tolérance, vous fait prendre de mauvaises décisions et blesser les autres sans le vouloir.

La colère est l'une des émotions destructrices parmi les plus nuisibles pour la santé. Eprouver fréquemment cette émotion, c'est être en étroite liaison avec certaines maladies, en général les maladies cardiaques.

Les piliers principaux sur lesquels la colère s'appuie sont l'orgueil de l'homme et son désir de garder une certaine image sur lui-même. Certainement, il est possible que la colère vienne aussi à la suite de la violation de notre libre arbitre, de nos actions qui limitent notre façon d'être et de nous manifester.

Peu importe qui l'a provoquée, elle apporte des conséquences physiques. La colère suppose une dépense intensive d'énergie, un puissant manque de confort intérieur et elle apporte presque toujours un déséquilibre dans votre relation avec les autres.

La plupart du temps, cette émotion a une relation étroite avec l'éducation reçue dans la famille et avec la façon d'agir de ceux qui vous entourent. Il est très peu probable de voir une personne furieuse ou qui ne manifeste pas de compréhension envers les autres et qui provient d'une famille calme. D'une part, il s'agit de l'éducation reçue, mais de l'autre, il s'agit des comportements vus autour de nous et appropriés.

On ne fait pas référence ici aux irascibilités du petit enfant qui ne fait que tester les limites de ses parents. Je parle là des comportements et des principes éducatifs des parents qui placent les fondements de la manifestation ou de la non manifestation de la colère dans la vie de l'adulte à venir.

Les irascibilités d'un enfant sont passagères et, bien qu'elles doivent être vues avec compréhension, elles ne doivent pas générer le résultat attendu par l'enfant, parce que cela ne fera que lui confirmer le fait que, en se manifestant ainsi, il peut obtenir ce qu'il veut des autres. Lorsqu'un enfant crie, pleure et produit du vacarme parce qu'il veut forcément quelque chose, la meilleure méthode est de le regarder avec compréhension et de lui dire imperturbablement de se calmer et seulement après ça vous allez discuter avec lui et l'aider. Il faut que ce soit clair pour lui qu'il ne peut rien obtenir de vous par la colère.

Mais, je le répète qu'il ne s'agit pas ici de la colère de l'enfant, mais de l'éducation offerte par les parents qui nourrissent ou, au contraire, coupent les racines de la manifestation de la colère dans la vie de celui qui va devenir adulte.

Oui, le métier de parent n'est pas la chose la plus facile au monde. Je ne crois pas qu'il y ait quelque chose dans cette vie qui puisse nous influencer si longuement.

Si les manifestations de furie ont une certaine fréquence dans les comportements des parents, alors il y a une grande probabilité qu'elles apparaissent plus tard dans la vie de l'enfant. Il va de soi qu'il est impossible de lutter contre ce type de manifestations chez votre enfant si vous-même les pratiquez.

Quels sont les principes d'action pour lutter contre la manifestation de la colère de votre enfant ?

Votre **conduite** est la première chose dont vous devez prendre soin. Votre modèle de comportement est un point de repère dans la vie de votre enfant.

L'attitude envers les autres gens. Apprenez à votre enfant à regarder les gens avec tolérance, à comprendre le fait que les gens sont différents et, par conséquence, leurs manifestations sont différentes. Cela ne signifie pas qu'une personne agit bien et l'autre mal, mais seulement que leurs actions sont différentes et, si elles ne blessent personne, les gens sont libres de se manifester comme ils désirent.

L'image de soi. Aidez votre enfant à avoir une bonne image de soi et à ne pas dépendre des autres. Aidez-le à être conscient de lui et de sa valeur.

Il arrive souvent que l'éducation offerte par les parents et l'éducation offerte par l'école et la société crée une dépendance de l'homme par rapport aux appréciations des autres. Comme ça, l'homme cherche la reconnaissance des autres, étant toujours désarmé et exposé devant les opinions des autres. Les gens autour de vous peuvent faire beaucoup de commentaires, ils peuvent avoir leurs propres opinions sur vous. C'est leur affaire. La chose la plus importante est de savoir qui vous êtes en réalité.

L'image de soi est l'un des piliers sur lesquels s'appuie la colère. Si l'image est tremblante et se modifie selon ce que les gens disent, elle ne représentera dans votre vie que la nourriture pour la manifestation de la colère. Si l'image de soi est forte et saine – et si elle est réelle et non pas simulée – alors la colère fera ses bagages et quittera votre enfant et elle laissera la place à d'autres sentiments qui illumineront sa vie.

Il arrive souvent que l'éducation offerte par les parents, l'école et la société crée une dépendance de l'enfant par rapport aux appréciations des autres.

Il est certain qu'au-delà des frontières de la famille, l'enfant peut observer les manifestations de colère autour de lui. Il y a effectivement le danger qu'il les perçoive comme une preuve de pouvoir et qu'il désire les manifester aussi. Vous pourrez lutter contre cela par l'éducation que vous lui offrez, en observant et en lui expliquant, à chaque fois que c'est le cas, les manifestations qu'il voit autour de lui à travers votre compréhension.

Dès le moment que votre enfant est né, vous avez 18 ans pour bâtir avec lui le fondement d'une vie belle et accomplie.

La culpabilité

L'erreur est humaine

Il y a une pratique, assez fréquente parmi les parents, d'inculquer à leurs enfants le sentiment de culpabilité. Il ne s'agit pas ici d'un plaisir sadique du parent, mais plutôt d'un moyen par lequel celui-ci essaye de lui faire se rendre compte de la différence entre le bien et le mal, de lui donner une éducation morale. Parfois, ça peut être aussi une tentative de manipuler les sentiments de l'enfant, pour assurer son amour et son respect. Mais la culpabilité n'est ni le moyen de lui offrir une éducation morale, ni de gagner le respect de l'enfant.

Si vous voulez offrir à votre enfant une éducation morale, alors montrez-lui quelles sont les conséquences des bonnes et des mauvaises actions, aidez-le à les comprendre, soyez un modèle d'humanité pour lui. S'il a commis une erreur, chose normale pour un enfant, expliquez-lui pourquoi il a eu tort et quelles sont les conséquences de ses actions. Montrez-lui de la compréhension, car nous tous commettons des erreurs, et expliquez-lui que c'est important d'apprendre cette leçon et de ne pas répéter l'action la deuxième fois.

Si l'erreur se répète, vous pouvez trouver une punition en accord avec l'erreur, mais soyez conscient du fait que le rôle de la punition a une double signification : de rendre l'enfant conscient qu'il y a des conséquences pour chacune de ses actions et celui d'écarter, du point de vue psychologique, thérapeutique, le sentiment de culpabilité.

La culpabilité ne vous aide pas, ne vous donne pas l'impulsion de continuer, de faire mieux les choses, d'agir afin de les résoudre, mais au contraire, elle crée des obstacles et des blocages au niveau mental. C'est comme une étiquette marquée *impuissant* et que vous portez longtemps. C'est possible que l'événement soit consommé depuis longtemps, mais que vous portiez la culpabilité pour toute la vie et parfois pour des choses insignifiantes.

La culpabilité peut inhiber l'évolution de l'enfant.

La culpabilité est comme un ver qui ronge l'âme sans l'aider. Elle apporte les inquiétudes, les peurs, les frustrations pour des choses qui ne peuvent de toute façon plus être changées. La chose importante n'est pas de nous sentir coupable, mais de nous rendre compte que nous avons commis une erreur et comment faire pour corriger l'erreur ou ne jamais la répéter. C'est important de continuer notre route, d'aller tout droit sur le chemin de notre développement et non pas de revenir en arrière. La culpabilité peut freiner l'évolution de l'homme, car elle l'enferme dans le piège des sentiments inutiles. Le sentiment de culpabilité va de pair avec une image négative de soi, ce qui apporte à une personne de nombreux préjudices.

Comme je l'ai déjà dit dans le chapitre sur le pardon, l'enfant peut se sentir coupable aussi pour des choses qui n'ont rien à voir avec lui. Si papa et maman se disputent, il peut penser que c'est à cause de lui. Beaucoup d'enfants se sentent coupables lorsque leurs parents divorcent. Il peut penser cela parce que beaucoup de parents se disputent à cause des enfants, mais cela arrive parce que l'enfant est très important pour eux et parce qu'ils ont des points de vue différents à l'égard de son éducation.

Cultivée inconsciemment par les parents, par le désir de transmettre un code de comportement moral à l'enfant, la culpabilité n'est pas le sentiment qui peut aider l'humanité. Torturé par les frustrations, l'homme ne peut plus offrir à soi-même ou aux autres ce qu'il a de mieux à offrir.

Montrez à votre enfant que vous commettez des erreurs aussi ; admettez lorsque vous avez tort et montrez-lui fermement ce que vous voulez faire pour que l'erreur ne se répète plus. Lorsque vous admettez votre l'erreur et vous l'acceptez, vous pouvez aussi la dépasser et, par conséquent, votre vie peut continuer, elle n'est pas arrêtée entre les jalons de la culpabilité.

N'accablez pas votre enfant avec des sentiments de culpabilité, mais soyez attentifs, aussi, qu'un comportement erroné n'échappe pas comme si rien n'était arrivé. Voilà un autre extrême.

L'envie et la haine

Ce qui vous est réservé est bien mis de côté.

Les gens ne se rendent pas compte du mal qu'ils se provoquent, à eux-mêmes, expérimentant ces sentiments. L'envie et la haine sont destructrices pour l'entourage, mais elles provoquent du mal principalement à la personne qui les éprouve. Chacune crée des inquiétudes et éloigne ce qui est bon dans vous. Au lieu de dormir tranquillement dans votre lit, vous vous agitez troublé par des pensées et des sentiments qui ne vous apportent aucun bénéfice.

L'envieux se concentre sur les biens des autres au lieu de se focaliser sur sa propre personne et de voir comment il peut faire fructifier les dons qu'il possède. Une personne animée par la haine suivra seulement les actions destructrices et finira par détruire même les bonnes choses qu'elle pourrait faire.

Il est important d'inculquer à l'enfant la confiance en lui et en ses propres capacités. Mais cette confiance ne doit pas provenir d'une comparaison entre lui et quelqu'un d'autre, mais seulement d'une appréciation correcte de ses capacités. Comparant votre enfant à un autre, vous lui inculquerez l'habitude de regarder toujours chez les autres et de se sentir bon et apprécié seulement s'il obtient des résultats meilleurs que les autres. Il doit être conscient du fait que « ce qui lui est réservé est bien mis de côté ». Ce proverbe contient beaucoup de sagesse qui nous démontre que chaque être humain est unique, a son propre chemin et qu'il ne faut pas dérober à un autre pour posséder quelque chose. Notre vraie richesse se trouve à l'intérieur et personne ne peut l'enlever.

Cela est l'esprit d'une éducation, d'un côté une éducation civique, mais d'un autre côté il s'agit d'une éducation sans laquelle votre enfant ne peut pas être heureux.

L'orgueil

L'orgueil est un « péché » qui vous éloigne de l'essence de votre être et qui détruit beaucoup de relations entre les gens. C'est un sentiment qui vous place au-dessus des autres, qui vous donne l'impression d'être supérieur à celui avec lequel vous avez des conflits ou de vous sentir lésé et, au lieu d'essayer de résoudre le conflit, vous mettez fin à une relation ou vous bouchez un chemin qui pourraient en fait vous apporter des bénéfices.

L'orgueil suppose inflexibilité, fausse supériorité, autosuffisance et peut vous conduire à rater des opportunités insoupçonnées. L'orgueil peut vous conduire à refuser un coup de main offert avec sincérité et vous faire plonger encore plus profondément dans une situation problématique. L'orgueil peut vous conduire à refuser une discussion avec quelqu'un, collègue ou partenaire de couple, et ainsi le problème peut empirer, générant une rupture définitive. Vous pouvez refuser de reconnaître votre erreur par orgueil et toujours par orgueil vous pouvez refuser de faire un geste humanitaire.

L'orgueil peut vous faire perdre beaucoup au niveau de l'humanité, mais aussi des opportunités dans la vie.

Et dans ce cas, comme dans les autres, le modèle que vous offrez en tant que parent est essentiel. Votre façon d'agir sera une source d'inspiration pour l'enfant.

Le jugement critique

Pour la plupart des gens, critiquer les autres est devenu une habitude. Même si cela ne leur apporte aucun bénéfice et n'a rien à voir avec eux, les gens sentent le besoin d'exprimer leur critique par rapport aux autres. Malheureusement, dans la plupart des cas, leur critique n'est pas juste, mais subjective et superficielle.

Les gens jugent les autres selon leurs actions, sans connaître les facteurs qui ont conduit à ces actions. Lorsque nous agissons, les gens ne connaissent pas nos motivations intérieures. Ils se hâtent de formuler des jugements sans même essayer de comprendre tout le contexte, car toute action a un contexte et elle ne peut pas en être séparée. Par exemple, X peut parler très fort parce qu'il a une grand-mère qui a des troubles auditifs et, vivant près d'elle en permanence, il s'est habitué à parler fort. Lorsqu'il n'est plus à côté de son grand-mère, il peut continuer à parler fort, sans se rendre compte, mais il est possible que, dérangeant les autres, il soit considéré impoli.

Ou encore, c'est bien d'exprimer son point de vue, mais si vous faites cela tout en violant le droit de réplique d'une autre personne, ou l'interrompant, sans lui donner la possibilité d'exprimer ses idées, alors il ne s'agit plus d'une chose positive.

Psychologiquement parlant, lorsqu'il critique les autres, l'homme tâche de se placer instantanément sur un niveau supérieur, mais ce type de supériorité est fausse et se trouve seulement dans la tête de celui qui critique. Parfois, ni même dans sa tête, parce qu'il y a un sens qui l'avertit que ce n'est pas tellement bien ce qu'il fait, mais la personne ne fait pas attention à ce sens car le désir de dominer par la supériorité est plus fort que le désir de comprendre l'autre.

Le grand problème du jugement critique est qu'il affecte les relations interhumaines et affecte aussi la personne qui juge.

Un jugement hâtif obscurcit l'être et ouvre la porte aux émotions négatives. Un jugement superficiel et hâtif peut être l'étincelle pour allumer la colère. La critique excessive et subjective ne fait que détruire et elle est dès le début contraire à trouver une solution. Lorsque nous nous rendons compte des défauts d'une personne, il est bien de les exprimer uniquement si c'est le cas et non pas pour montrer combien nous sommes intelligents. Il est mieux de le faire d'une manière très dégagée, soulignant premièrement les aspects positifs de la personne en cause et offrant des solutions pour les insuffisances remarquées.

Parfois il est bien d'observer cela en silence, car souvent, la personne n'est pas prête spirituellement pour un changement et alors notre critique ne lui apporte aucun bénéfice, mais, au contraire, lui fait du mal.

Vous pouvez vous demander : « Qu'est-ce que cela à affaire avec mon enfant ? ». Eh bien, son bonheur, son équilibre et son harmonie intérieure dépendent du juge qu'il est capable d'être et de sa capacité de comprendre les autres. Plus il respectera la façon des autres de penser, de sentir et d'agir, plus son état de bien-être sera complet.

La personne qui critique âprement les autres ne sera jamais contente d'elle-même, car ce juge intérieur sera impitoyable avec lui aussi, pas seulement avec les autres. L'homme est un être unique. Nous sommes si semblables et, pourtant, si différents. À l'intérieur nous éprouvons des sentiments et des pensées semblables, mais leur expression, la connexion entre eux, leur intensité et leur manifestation dans des actions concrètes sont si différentes ! Faire les choses d'une manière différente ne signifie pas être mauvais ou se tromper. Elles se rapportent plutôt à la capacité de la personne de s'exprimer.

La société tend à nous uniformiser au détriment de l'expression de notre soi.

Votre devoir de parent est d'aider votre enfant à respecter les règles de la société, à comprendre leur sens, d'une part, mais aussi de découvrir des modalités d'expression de l'être unique qui vit à son intérieur.

Votre devoir de parent est de l'aider à comprendre les gens comme des êtres uniques, différents et de démontrer le mécanisme par lequel l'homme juge l'autre seulement à travers sa façon d'être. Car, dans cette situation, son bonheur sera touché et il sera déçu dans ses attentes que les gens se conduisent identiquement.

Sur les « péchés » et leurs conséquences

Toutes ces émotions : peur, culpabilité, envie, etc. représentent des « péchés », car elles empêchent l'être humain de mener une vie harmonieuse et pleine d'amour. L'homme ne peut plus se réjouir pleinement de sa vie et des gens qui l'entourent, étant trop préoccupé à critiquer ou à être mécontent.

Chacune de ces émotions signifie une barrière pour le bonheur de votre enfant et une souffrance pour ceux qui l'entourent. Aucune ne l'aide dans son évolution spirituelle. A travers l'éducation, en principal l'éducation donnée par les parents, ces émotions peuvent être ciselées, ajustées et même vaincues. Elles font partie de la nature humaine, car c'est nous qui leur avons permis cela, pour de diverses raisons.

Par conséquent, votre rôle de parent est de combattre ces « péchés » potentiels et de laisser de la place dans la vie de votre enfant aux ingrédients qui peuvent le guider vers une existence heureuse et lumineuse.

7. Être parent

Suivez votre intuition

Même si vous avez beaucoup d'informations sur ce qui est bon pour votre enfant, même si vous avez beaucoup lu là-dessus, c'est votre âme qui l'emporte quand il s'agit de faire le bon choix en ce qui le concerne. Quelque complexe qu'ils soient, aucun ouvrage et aucune statistique ne vous diront comment est votre enfant. Il n'y a que votre cœur de parent qui vous le dira.

Penchez votre oreille à ce que vous en dit votre *intuition* de parent et ne l'étouffez pas de normes, de dogmes et de principes changeants.

La liaison entre vous et l'enfant est forte, pour toute la vie, indestructible. Elle a commencé avec votre décision d'avoir un enfant et elle est sans fin.

Écoutez votre intuition !

Tout au long de votre évolution comme parent vous rencontrerez un bon nombre d'opinions sur la manière d'élever votre enfant. Vous allez entendre parler de nombreuses techniques par lesquelles vous pouvez obtenir de lui ce que vous voulez. N'oubliez pas qu'aucune méthode, aussi bonne qu'elle soit et quels que soient ses résultats, ne peut être appliquée tout simplement, mais elle doit être adaptée en même temps à la personnalité de votre enfant et au contexte. Jugez les choses avec votre cœur.

Une expérience pour toute une vie

Être parent est une expérience unique. C'est une expérience qui dépasse les frontières strictes de l'action d'élever et d'éduquer un enfant. C'est un acte de création, un acte d'émotion intense, un processus du devenir où vous évoluez en même temps que votre enfant.

Ce que vous êtes se reflétera sur lui et ce qu'il est se reflétera sur vous. Votre personnalité et votre comportement l'influenceront dans une direction ou une autre. Ses actions feront écho dans votre âme.

Rien de ce qu'il fait ne restera sans conséquences pour vous.

Et, pourtant, n'oubliez pas que vous êtes deux vies distinctes. Ne vous concentrez pas sur l'enfant d'une manière qui bloquera l'évolution de votre vie. Vous grandissez en même temps que lui tout comme grandissent les branches d'un arbre. Ce fait de grandir fait référence à tout ce que vous voulez réaliser dans votre vie, à vos aspirations, mais surtout à votre chemin intérieur, car ici commence tout. De l'intérieur à l'extérieur. Votre évolution est, premièrement, un acte d'émotion intérieure, une guerre entre vous et vous-mêmes que vous avez gagnée.

L'évolution de l'homme, avant tout, est un acte d'émotion intérieure.

Et encore une chose. N'adoptez pas une position de supériorité par rapport à votre enfant, car vous avez beaucoup de choses à apprendre de lui. Un enfant est dépourvu de préjugés et plus ouvert à voir les choses telles qu'elles sont, à la différence d'un adulte qui ne le fait pas de cette manière. Souvent, sa perception peut être plus claire que la vôtre, par conséquent ne l'ignorez pas.

Être parent implique le miracle le plus grand de la vie : donner naissance à un autre être ! Qu'est-ce qui peut être de plus miraculeux ? Si nous regardons le monde des animaux, nous sommes attendris par un couple et ses petits.

J'ai vu avec étonnement les moineaux se débattre avec bruit au-dessus de l'endroit où se trouvait le petit, essayant de lui offrir un guidage – les parents s'agitaient au-dessus du buisson où leur petit est tombé, pendant qu'il apprenait à voler. Grâce à leur aide, le petit a réussi à s'envoler et à atterrir sur la branche d'un arbre.

Si on regarde au ralenti la phase de développement d'une plante, on ne peut pas rester indifférent devant le miracle de la vie, peu importe la durée de la vie : un jour, un an, dix ans ou quatre-vingts ans.

Comment rester insensible lorsque l'on voit un chien qui préfère rester auprès de ses petits au lieu de les quitter pour aller manger ? Et la façon dont il les traîne de nouveau dans l'abri pour les protéger, au moment où ils commencent à explorer le monde ?

Mais l'être humain est le seul qui crée une relation pour toute la vie avec ses descendants. Une relation dans laquelle la vie de l'homme se manifeste dans toute sa plénitude.

Le sacrifice d'un parent

Il y a une tendance, d'une certaine manière naturelle, du parent, de se sacrifier pour son enfant. Rien n'est plus noble dans cette existence qu'une personne qui se sacrifie pour une autre personne. Mais ce sacrifice a de la valeur seulement si les sentiments qui l'accompagnent sont nets et orientés vers le bien de l'autre personne. Souvent, c'est possible que le sacrifice cache l'impuissance de la personne en cause de faire d'autres choses. Par exemple, disons qu'une mère prend la décision de renoncer définitivement au travail et de rester à la maison pour élever son enfant ou ses enfants. Il n'y a rien de mauvais là-dedans : si elle reste à la maison ou si elle va au travail. Mais, si derrière cette décision, sauf le désir de s'occuper de l'enfant, il y a d'autres raisons comme la peur de l'échec social, l'incapacité de trouver un bon travail, le manque d'initiative, alors toutes ces raisons se manifesteront plus tard sous la forme de frustrations qui se refléteront négativement sur l'enfant. Des reproches, de l'irritation, le mécontentement se feront sentir dans la relation entre la mère et son enfant.

Il est possible que tout cela se passe plutôt dans le sous- conscient, mais c'est justement pour cela que nous avons besoin de prendre conscience de ce que nous sommes en train de sentir, de comprendre ce qui ce passe dans notre tête et dans notre coeur. Les fausses motivations nous aident à nous tromper et, de cette manière, ce que nous réussissons à construire d'un côté s'écroule de l'autre côté.

Le sacrifice du parent n'est pas une monnaie d'échange. Moi, je fais un sacrifice pour toi, en revanche tu me dois obéissance pour toujours. Le véritable sacrifice ne suit aucun intérêt personnel. Le sacrifice, tout comme le fait de secourir l'autre, ne doit pas créer de dépendances.

Il y a des parents qui font chanter leurs enfants avec ce qu'ils ont fait pour eux. « J'ai fait ça et ça et toi, tu n'es même pas capable de faire une chose sans importance ? » L'amour de l'enfant, son respect et son obéissance naissent de l'amour du parent pour son enfant, de son respect et de son obéissance (à savoir sa compréhension).

Le conflit entre les générations

Autour de nous, on parle beaucoup du conflit entre les générations. Souvent, parents et enfants prennent ce conflit comme quelque chose d'inévitable, de normal. Mais rien ne peut être naturel dans un conflit. Surtout entre un parent et son enfant.

Le conflit entre les générations, le conflit entre les parents et les enfants n'apparaît pas du néant et il ne surgit pas non plus à l'âge de l'adolescence.

Il commence pendant l'enfance et évolue subtilement, ensuite il éclate lorsque l'enfant adolescent se prépare à devenir adulte. Sa source se trouve dans l'impression que l'enfant a de ne pas être entendu et de se sentir limité dans ses manifestations. Au fil du temps, la distance psychologique entre l'enfant et le parent s'accentue. Quelque différent que soit le contexte social de chaque génération, parce que finalement c'est lui qui donne une certaine orientation aux croyances et aux valeurs de la génération en cause, les gens peuvent s'approcher mutuellement à travers la compréhension de la nature humaine. Si on comprend que les gens sont différents, si nous comprenons l'essence de cette chose, alors les conflits pourront être résolus plus facilement. Les gens peuvent se conduire différemment, ils peuvent désirer des choses différentes et ils peuvent être différents des autres, sans que quelqu'un se sente lésé.

En tant que parent, il est important d'être toujours près de votre enfant, d'avoir une communication permanente avec lui, de connaître ses émotions et de le comprendre. Si vous faites cela depuis qu'il est petit, le conflit entre les générations n'apparaîtra jamais, ou dans le pire des cas, il sera largement atténué. Si on cessait de considérer ce conflit comme étant normal, peut-être que nous ferons des efforts pour qu'il n'apparaisse jamais.

Le premier pas est de le comprendre. Avec cela, le reste vient de soi.

Le conflit entre les générations, le conflit entre les parents et les enfants n'apparaît pas du néant et pas pendant l'adolescence.

Le lien entre les générations

Lorsque entre les générations il y a un fort lien, qui se fonde sur l'amour, le respect et la compréhension mutuelle, la joie trouve facilement sa source pour chaque membre de la famille, mais aussi pour ceux qui les entourent. Il y a des familles où nous rencontrons trois ou quatre générations. Des parents, des enfants devenus parents et leurs enfants ensemble. Lorsque la relation entre les générations fonctionne bien c'est un grand bonheur d'être en leur présence.

Un proverbe dit : « Celui qui n'a pas de grands-parents, qu'il s'en procure. » Malheureusement, cette sagesse populaire a beaucoup disparu de nos jours. Nous tous voyons autour de nous des manifestations du mépris et du cynisme des jeunes à l'égard des personnes âgées. Comment est-ce possible et pourquoi se manifeste-t-il à une si grande échelle ?

Je crois que les parents, dans l'éducation donnée à leurs enfants, ont négligé les valeurs morales et ont accordé la priorité à d'autres choses qu'ils ont jugées plus importantes. Malheureusement, les parents eux-mêmes ont compromis la relation avec l'enfant, au lieu de construire la confiance et le respect petit à petit, brique par brique.

Ils ont fait cette chose au moment où ils lui ont imposé des règles sans que l'enfant les comprenne, au moment où ils lui ont imposé un certain comportement contraire à sa façon d'être. Mal compris par celui auquel il est censé être le plus proche spirituellement, l'enfant se protège augmentant la distance psychologique entre lui et son parent.

Les parents qui négligent les valeurs morales le paient cher.

La distance psychologique entre parent et enfant augmente aussi lorsque l'enfant est privé du détail le plus important à ses yeux : le temps et l'affection de son parent. Les parents essayent souvent de compenser leur absence par des jouets et des cadeaux, qui ne représentent qu'un substitut lamentable. Car rien ne peut remplacer la présence du parent dans la vie de son enfant.

La distance psychologique entre l'enfant et son parent est une rupture qui se crée au cours du temps.

Les faiblesses des parents, qui sont ignorées même par eux-mêmes à un moment donné, reviennent sous la forme du manque de respect de l'enfant. Et il est difficile d'établir exactement ce qui l'a provoqué car plusieurs choses peuvent avoir la même conséquence.

Le reproche est un autre facteur qui nuit à la confiance dans la relation avec l'enfant. Le reproche est une forme d'accusation sans appel et qui a seulement des conséquences négatives : l'enfant se sent incompris, lésé, par conséquent, sa tentative de changer quelque chose dans la situation donnée sera insignifiante. Si vous voulez vraiment aider votre enfant à changer quelque chose, ne le faites pas avec des reproches, parce que vous ne ferez qu'empirer l'état de choses que vous voulez changer.

Une manière positive d'aborder une erreur signifie en parler sans l'attribuer à quelqu'un. Par exemple, vous pouvez dire : « La chambre est en désordre. », au lieu de « Quel désordre que tu as fait ! », ou bien « Le test a dix fautes. » au lieu de « Tu as fait dix fautes ! ». L'approche impersonnelle n'établit pas la culpabilité de quelqu'un avant de connaître son opinion. Certes, le pas suivant est de voir quelle est l'opinion de l'enfant là-dessus et d'essayer d'obtenir son implication dans la détermination de ce qu'il faut faire afin d'améliorer les choses.

Un autre élément dans la détérioration de la relation parent-enfant est l'hyper protection de l'enfant. Parfois, les parents ont la tendance de le protéger d'une manière exagérée, ce qui conduit à sa dépendance des parents, au manque de confiance en lui-même et, globalement, à l'affaiblissement de sa personnalité. L'enfant sent la méfiance de ses parents, même s'il ne l'exprime pas et même s'il n'en est pas conscient en totalité. Cette méfiance laissera des traces en même temps dans sa personnalité et au niveau de ses relations.

Une autre grande erreur qu'un parent peut faire et qui nuit exactement au sentiment de respect de l'enfant est d'empêcher l'enfant de faire tout effort, pour qu'il soit bien et confortable. Bien qu'il y ait une bonne intention : aider son enfant, le résultat est désastreux. L'enfant est privé des expériences personnelles qui l'aideraient à évoluer et, en même temps, de la satisfaction du travail accompli par lui. Accomplir un travail à la place de l'enfant peut être une tâche plus facile pour le parent que celle de lui enseigner à l'accomplir. Mais cela le mènera à avoir besoin d'aide pour toute sa vie, au lieu de vivre la grandeur de voler de ses propres ailes.

La confiance de votre enfant en vous, que vous ayez 20, 40 ou 70 ans, c'est l'effet d'une relation de réciprocité. La confiance que vous avez lui accordée, comme être capable de voler de ses propres ailes, retournera vers vous, tôt ou tard.

Vous pouvez vous demander ce que cela a affaire avec le respect des jeunes à l'égard des personnes âgées en général. Eh bien, tout commence par la relation de l'enfant avec ses parents. Vous ne verrez jamais un enfant ou une jeune personne qui respecte ses parents jurer ou offenser une personne âgée.

L'héritage pour l'avenir

Pour être parent, la chose la plus importante est l'éducation offerte dans la famille, que vous avez vous-même reçue. Rien n'a un impact plus grand sur votre enfant que l'héritage reçu des parents. Directement ou indirectement, vos actions sont influencées par vos propres parents. Lorsque l'héritage est sain, des générations entières de parents feront sentir leur présence dans votre enfant, éclatant son chemin.

Si vous êtes plutôt dans la situation où vous voulez enterrer l'héritage reçu, le simple fait que vous êtes en train de lire ce livre ou tout autre livre lié à l'éducation de l'enfant, montre que vous êtes sur le bon chemin, que vous voulez apporter un changement à l'héritage reçu et que vous êtes prêt à agir. Vous êtes la personne qui changera les choses pour les prochaines générations d'enfants dans votre famille.

Vous êtes la personne qui peut changer l'héritage reçu pour les générations à venir.

Chaque génération transmet à une autre génération un héritage de croyances et de valeurs, l'enrichissant par sa propre expérience.

Dans cet enchaînement, chaque homme a une obligation qu'il ne doit pas oublier, celle envers lui-même. Aucune vie ne doit être gâchée. Plus il est satisfait de la relation avec soi, plus sa capacité d'offrir et d'aider ses semblables, y compris son propre enfant, est grande.

L'homme est le seul qui, à travers la conscience de soi, porte la responsabilité de sa vie.

En tant que parent, vous avez une obligation à l'égard de votre enfant et de vous-même. Le soin que vous portez à vous et à lui en égale mesure est une preuve que vous respectez la vie de chacun.

Le secours que vous portez à votre enfant est un bel héritage doué des « armes » nécessaires pour conquérir le monde. L'amour, la confiance en soi, la compassion et la liberté de s'exprimer sont seulement quelques exemples.

Aidez-le à se découvrir, à se former dans l'esprit d'une vie heureuse et à trouver la quiétude dans son cœur, car notre vie intérieure nous donne la force de réaliser tout ce que nous voulons.

Otopeni, le 8 juin 2012

Remerciements

Je veux remercier tous ceux qui ont eu un rôle significatif sur mon chemin spirituel et qui ont laissé leur empreinte dans mon cœur.

À mes parents, je leur suis reconnaissante pour leur amour inconditionnel qu'ils m'ont offert et pour leur travail de toute une vie.

À mon époux, toute ma gratitude pour le chemin parcouru de ma côté et pour les choses merveilleuses réalisées ensemble, l'une d'entre elles étant ce livre, à la publication duquel sa contribution est significative.

Je remercie Simona, sans ta présence dans ma vie ce livre n'aurait pas été écrit.

Je remercie Ionela et Codruț parce que vous êtes de merveilleux parents et une vraie source d'inspiration pour moi.

Je remercie Rodica Indig parce que vous existez dans ma vie et pour les repères offerts au fil du temps.

Je remercie mes amies Octavia et Elisabeta pour l'encouragement d'écrire ce livre et pour leur amour.

Pour l'édition française du livre, mes remerciements se dirigent tout particulièrement vers la traductrice Briana Belciug et vers le réviseur Cristina Drahta.

www.ingramcontent.com/pod-product-compliance
Lightning Source LLC
Chambersburg PA
CBHW032134040426
42449CB00005B/238